古典精粹

長物志

［明］文震亨　撰

中國書店

圖書在版編目（CIP）數據

長物志 /（明）文震亨撰. — 北京 ：中國書店，
2019.9

ISBN 978-7-5149-2186-1

Ⅰ. ①長… Ⅱ. ①文… Ⅲ. ①園林設計－中國－明代
Ⅳ. ①TU986.2

中國版本圖書館CIP數據核字(2018)第214502號

長物志

[明] 文震亨　撰

責任編輯：趙文傑

出版發行：中國書店
地　　址：北京市西城區琉璃廠東街115號
郵　　編：100050
印　　刷：藝堂印刷（天津）有限公司
開　　本：787毫米×1092毫米　1/16
版　　次：2019年9月第1版　2019年9月第1次印刷
印　　張：13.5
書　　號：ISBN 978-7-5149-2186-1
定　　價：70.00元

出版説明

『古典精粹』叢書收録了耳熟能詳的中國古代典籍，注重趣味性、可讀性。中國古代圖籍内容豐富，涉及門類廣泛，精刻本校勘謹嚴。選擇其中的經典本影印，可爲當代研究提供準確的資料，也可爲普通讀者接觸古籍提供機會。

《長物志》十二卷，明文震亨撰。文震亨（一五八五—一六四五），字啓美，南直隸長洲（今江蘇省蘇州市）人。造園家、書畫家、文學家。出身於書香門第、官宦世家。曾祖父爲明書畫大家文徵明；祖父文彭，官國子監博士，工書畫，尤精篆刻；父文元發，官衛輝府同知，善詩詞，以書畫詩文著稱於世；兄文震孟，天啓年間狀元，官至禮部尚書、東閣大學士。文震亨於崇禎間任武英殿中書舍人，南明弘光元年（一六四五）清兵攻破蘇州，他絶食六日，嘔血而亡。文震亨自幼天資聰穎，詩文書畫咸有家風，尤善園林設計，撰有中國古代造園史上的名著《長物志》。

《長物志》十二卷，是一部筆記體著作。『長物』，即『多餘之物』『身外之物』之意，長物者，雅人之致也。《長物志》『所論皆閑適游戲之事，纖悉畢具』。

是書分室廬、花木、水石、禽魚、書畫、几榻、器具、衣飾、舟車、位置、蔬果、香茗十二類，包括衣食住行用等各個方面，揭示了晚明文人清居的生活與追求，是我們了解當時文人雅趣的重要著作，也是研究晚明造園藝術的重要文獻。

據統計，《長物志》明末至民國間的版本有十數種之多，明末刊本存世寥寥。清乾隆間據鮑士恭家藏抄本采入《四庫全書》，清乾隆間金忠淳刊《硯雲甲乙編》、咸豐三年（一八五三）南海伍崇曜刊《粤雅堂叢書》，均收録是書。又有清桐西書屋抄《娱意録叢書》本、清末上海申報館排印《硯雲甲乙編》本。民國時有《説庫》本、《古今説部叢書》本、《美術叢書》本、《叢書集成初編》本等。

《粤雅堂叢書》本由清末廣東學者譚瑩負責校勘審定，質量頗高，素爲學林所重。此次出版影印，即以《粤雅堂叢書》本爲底本。

中國書店出版社
二〇一九年七月

目録

學解壽

夫標榜林壑品題酒茗收藏位置圖史杯鐺之屬於世
爲閒事於身爲長物而品人者於此觀韻焉才與情焉
何也挹古今清華美妙之氣於耳目之前供我呼吸羅
天地瑣雜碎細之物於几席之上聽我指揮挾日用寒
不可衣饑不可食之器尊踰拱璧享輕千金以寄我之
慷慨不平非有眞韻眞才與情以勝之其調弗同也近
來富貴家兒與一二庸奴鈍漢沾沾以好事自命每經
賞鑒出口便俗入手便粗縱極其摩娑護持之情狀其
污辱彌甚遂使眞韻眞才眞情之士相戒不談風雅嘻

亦過矣司馬相如攜卓文君賣車騎買酒舍文君當壚滌器映帶犢鼻褌邊陶淵明方宅十餘畝草屋八九間叢菊孤松有酒便飲境地兩截要歸一致右丞茶鐺藥臼經案繩牀香山名姬駿馬攫石洞庭結堂廬阜長公聲伎酣適於西湖煙舫翩躚乎赤壁禪人酒伴休息夫雪堂豐儉不同總不礙道其韻致才情政自不可掩耳予向持此論告人獨余友啓美氏絕領之春來將出其所纂長物志十二卷公之艸林且屬余序予觀啓美是編室廬有制貴其爽而倩古而潔也花木水石禽魚有

經貴其秀而遠宜而趣也書畫有目賞其奇而逸雋而永也几榻有度器具有式位置有定貴其精而便簡而裁巧而自然也衣飾有王謝之風舟車有武陵蜀道之想蔬果有仙家瓜棗之味香茗有荀令玉川之癖貴其幽而闇淡而可思也法律指歸大都游戲點綴中一往删繁去奢之意義存焉豈唯庸奴鈍漢不能窺其崖略卽世有眞韻致眞才情之士角異獵奇自不得不降心以奉啓美爲金湯誠字內一快書而吾黨一快事矣余因語啓美君家先徵仲太史以醇古風流冠冕吳趨者

殘滿百歲遞傳而家聲香迹詩中之畫畫中之詩窺矣人巧心妙手總不出名家譜牒即余日者過予纂錄果月嬋娟爲堂玉局爲齋介人不勝描畫則斯編宜在予衣履襟帶間弄筆費紙又無乃多事耶啓美曰不然吾正懼吳人心手日變如予所云小小閒事長物將來有濫觴而不可知者聊以是編隄防之有足哉制繁主者之一言足以序是編也予遂述前語相論以弁諸是編不徒占啓美之韻之才之情可以知其用意深矣沈春澤謹序

長物志卷一

明　文震亨　撰

室廬

居山水間者爲上村居次之郊居又次之吾儕縱不能栖巖止谷追綺園之踪而混跡廛市要須門庭雅潔室廬清靚亭臺具曠士之懷齋閣有幽人之致又當種佳木怪籜陳金石圖書令居之者忘老寓之者忘歸遊之者忘倦蘊隆則颯然而寒凛冽則煦然而燠若徒侈土木尚丹堊眞同桎梏樊檻而已志室廬

第一

門

用木爲格以湘妃竹橫斜釘之或四或二不可用六兩傍用板爲春帖必隨意取唐聯佳者刻於上若用石梱必須板扉石用方厚渾樸庶不涉俗門環得古青緑蝴蝶獸面或天雞饕餮之屬釘於上爲佳不則用紫銅或精鐵如舊式鑄成亦可黄白銅俱不可用也漆惟朱紫黑三色餘不可用

階

自三級以至十級愈高愈古須以文石剝成種繡墩或草花數莖於內枝葉紛披映階傍砌以太湖石疊成者曰澀浪其制更奇然不易就複室須內高於外取頑石具苔斑者嵌之方有巖阿之致

牕

用木爲粗格中設細條三眼眼方二寸不可過大牕下填板尺許佛樓禪室間用菱花及象眼者牕忌用六或二或三或四隨宜用之室高上可用橫牕一扇下用低檻承之俱釘明瓦或以紙糊不可用絳素紗及梅花簟

冬月欲承日製大眼風牕眼竟尺許中以線經其上庶紙不爲風雪所破其制亦雅然僅可用之小齋丈室漆用金漆或朱黑二色雕花綵漆俱不可用

欄干

石欄最古第近於琳宮梵宇及人家冢墓傍池或可用然不如用石蓮柱二木欄爲雅柱不可過高亦不可雕鳥獸形亭榭廊廡可用朱欄及鵝頸承坐堂中須以巨木雕如石欄而空其中頂用柿頂朱飾中用荷葉寶瓶綠飾卍字者宜閨閣中不甚古雅取畫圖中有可用者

以意成之可也三橫木最便第太朴不可多用更須每楹一扇不可中竪一木分爲二三若齋中則竟不必用矣

照壁

得文木如豆瓣楠之類爲之華而復雅不則竟用素染或金漆亦可青紫及灑金描畫俱所最忌亦不可用六堂中可用一帶齋中則止中楹用之有以夾紗牕或細格代之者俱稱俗品

堂

堂之製宜宏敞精麗前後須層軒廣庭廊廡俱可容一
席四壁用細磚砌者佳不則竟用粉壁梁用毬門高廣
相稱層階俱以文石為之小堂可不設總檻

山齋

宜明淨不可太敞明淨可爽心神太敞則費目力或傍
簷置總檻或由廊以入俱隨地所宜中庭亦須稍廣可
種花木列盆景夏日去北扉前後洞空庭際沃以飯瀋
雨漬苔生綠縟可愛遶砌可種翠雲草令遍茂則青葱
欲浮前垣宜矮有取薜荔根瘞牆下灑魚腥水於牆上

以引蔓者雖有幽致然不如粉壁爲佳

丈室

丈室宜隆冬寒夜略倣北地煖房之製中可置臥榻及禪椅之屬前庭須廣以承日色留西牕以受斜陽不必開北牖也

佛堂

築基高五尺餘列級而上前爲小軒及左右俱設歡門後通三楹供佛庭中以石子砌地列旛幢之屬另建一門後爲小室可置臥榻

橋

廣池巨浸須用文石爲橋雕鏤雲物極其精工不可入俗小溪曲澗用石子砌者佳四旁可種繡墩艸板橋須三折一木爲欄忌平板作朱卍字欄有以太湖石爲之亦俗石橋忌三環板橋忌四方磬折尤忌橋上置亭子

茶寮

構一斗室相傍山齋內設茶具教一童專主茶役以供長日清談寒宵兀坐幽人首務不可少廢者

琴室

古人有於平屋中埋一缸缸懸銅鐘以發琴聲者然不如層樓之下蓋上有板則聲不散下空曠則聲透徹或於喬松修竹巖洞石室之下地清境絶更爲雅稱耳

浴室

前後二室以牆隔之前砌鐵鍋後燃薪以俟更須密室不爲風寒所侵近牆鑿井具轆轤爲竅引水以入後爲溝引水以出澡具巾帨咸具其中

街徑庭除

馳道廣庭以武康石皮砌者最華整花間岸側以石子

砌成或以碎瓦片斜砌者雨久生苔自然古色寧必金錢作埒乃稱勝地哉

樓閣

樓閣作房闥者須回環窈窕供登眺者須軒敞宏麗藏書畫者須爽塏高深此其大畧也樓作四面䆫者前楹用䆫後及兩傍用板閣作方樣者四面一式樓前忌有露臺捲篷樓板忌用磚鋪蓋既名樓閣必有定式若復鋪磚與平屋何異高閣作三層者最俗樓下柱稍高上可設平頂

臺

築臺忌六角隨地大小爲之若築於土岡之上四周用粗木作朱闌亦雅

海論

忌用承塵俗所稱天花板是也此僅可用之廨宇中地屏則間可用之暖室不可加簟或用氍毹爲地衣亦可然總不如細磚之雅南方卑溼空鋪最宜畧多費耳室忌五柱忌有兩廂前後堂相承忌工字體亦以近官廨也退居則間可用忌傍無避弄庭較屋東偏稍廣則西

日不逼忌長而狹忌矮而寬亭忌上銳下狹忌小六角
忌用葫蘆頂忌以茆蓋忌如鐘鼓及城樓式樓梯須從
後影壁上忌置兩傍磚者作數曲更雅臨水亭榭可用
藍絹爲幔以蔽日色紫絹爲帳以蔽風雪外此俱不可
用尤忌用布以類酒船及市藥設帳也小室忌中隔若
有北牕者則分爲二室忌紙糊忌作雪洞此與混堂無
異而俗子絶好之俱不可解忌爲卍字牕傍墳板忌牆
角畫楳及花鳥古人最重題壁今即使顧陸點染鍾王
濡筆俱不如素壁爲佳忌長廊一式或更互其製庶不

入俗忌竹木屏及竹籬之屬忌黃白銅爲屈戌庭際不可鋪細方磚爲承露臺則可忌兩楹而中置一梁上設叉手笆此皆元製而不甚雅忌用板隔隔必以磚忌梁椽畫羅紋及金方勝如古屋歲久木色已舊未免繪飾必須高手爲之凡入門處必小委曲忌太直齋必三楹傍更作一室可置臥榻面北小庭不可太廣以北風甚厲也忌中楹設欄楯如今拔步牀式忌穴壁爲櫥忌以瓦爲牆有作金錢梅花式者此俱當付之一擊又鴟吻好望其名最古今所用者不知何物須如古式爲之不

則亦倣畫中室宇之製簷瓦不可用粉刷得巨栟櫚擘爲承溜最雅否則用竹不可用木及錫忌有捲棚此官府設以聽兩造者於人家不知何用忌用梅花篛堂簾惟温州湘竹者佳忌中有花如繡補忌有字如壽山福海之類總之隨方制象各有所宜寧古無時寧朴無巧寧儉無俗至於蕭疏雅潔又本性生非强作解事者所得輕議矣

長物志卷一　　譚瑩玉生覆校

長物志卷二

明 文震亨 撰

花木

弄花一歲看花十日故幃箔映蔽鈴索護持非徒富貴容也第繁花穠木宜以畝計乃若庭除檻畔必以虬枝古幹異種奇名枝葉扶疎位置疎密或水邊石際橫偃斜披或一望成林或孤枝獨秀草花不可繁雜隨處植之取其四時不斷皆入圖畫又如桃李不可植於庭除似宜遠望紅梅絳桃俱借以點綴林中

不宜多植梅生山中有苔蘚者移置藥欄最古杏花差不耐久開時多值風雨僅可作片時玩蠟梅冬月最不可少他如豆棚菜圃山家風味固自不惡然必闢隙地數頃别爲一區若於庭除種植便非韻事更有石磉木柱架縛精整者愈入惡道至於蒔蘭栽菊古各有方時取以課園丁考職事亦幽人之務也志花木第二

牡丹芍藥

牡丹稱花王芍藥稱花相俱花中貴裔栽植賞玩不可

毫涉酸氣用文石爲欄參差數級以次列種花時設燕
用木爲架張碧油幔於上以蔽日色夜則懸燈以照忌
二種並列忌置木桶及盆盎中

玉蘭

宜種廳事前對列數株花時如玉圃瓊林最稱絕勝別
有一種紫者名木筆不堪與玉蘭作婢古人稱辛夷即
此花然輞川辛夷塢木蘭柴不應複名當是二種

海棠

昌州海棠有香今不可得其次西府爲上貼梗次之垂

絲又次之余以垂絲嬌媚眞如妃子醉態較二種尤勝木瓜花似海棠故亦有木瓜海棠但木瓜花在葉先海棠花在葉後爲差别耳别有一種曰秋海棠性喜陰溼宜種背陰堦砌秋花中此爲最艷亦宜多植

山茶

蜀茶滇茶俱貴黄者尤不易得人家多以配玉蘭以其花同時而紅白爛然差俗又有一種名醉楊妃開向雪中更自可愛

桃

桃爲仙木能制百鬼種之成林如入武陵桃源亦自有致第非盆盎及庭除物桃性早實十年輒枯故稱短命花碧桃人面桃差久較凡桃更美池邊宜多植若桃柳相間便俗

李

桃花如麗姝歌舞場中定不可少李如女道士宜置煙霞泉石間但不必多種耳別有一種名郁李子更美

杏

杏與朱李蟠桃皆堪鼎足花亦柔媚宜築一臺雜植數

十本

梅

幽人花伴梅實專房取苔護蘚封枝稍古者移植石巖或庭際最古另種數畝花時坐卧其中令神骨俱清綠萼更勝紅梅差俗更有虬枝屈曲置盆盎中者極奇蠟梅磬口爲上荷花次之九英最下寒月庭際亦不可無

瑞香

相傳廬山有比丘晝寢夢中聞花香寤而求得之故名睡香四方奇異謂花中祥瑞故又名瑞香别名麝囊又

有一種金邊者人特重之枝既粗俗香復酷烈能損羣花稱爲花賊信不虛也

薔薇木香

嘗見人家園林中必以竹爲屏牽五色薔薇於上架木爲軒名木香棚花時雜坐其下此何異酒食肆中然二種非屏架不堪植或移著閨閤供仕女採擷差可別有一種名黃薔薇最貴花亦爛熳悅目更有野外叢生者名野薔薇香更濃郁可比玫瑰他如寶相金沙羅金鉢盂佛見笑七姊妹十姊妹刺桐月桂等花姿態相似種

法亦同

玫瑰

玫瑰一名徘徊花以結爲香囊芬氳不絶然實非幽人所宜佩嫩條叢刺不甚雅觀花色亦微俗宜充食品不宜簪帶吳中有以畝計者花時獲利甚夥

紫荆棣棠

紫荆枝幹枯索花如綴珥形色香韻無一可者特以京兆一事爲世所述以比嘉木余謂不如多種棣棠猶得風人之旨

葵花

葵花種類莫定初夏花繁葉茂最爲可觀一曰戎葵奇態百出宜種曠處一曰錦葵其小如錢文采可玩宜種堦除一曰向日別名西番蓮最惡秋時一種葉如龍爪花作鵝黃者名秋葵最佳

罌粟

以重臺千葉者爲佳然單葉者子必滿取供清味亦不惡藥欄中不可缺此一種

薇花

薇花四種紫色之外白色者曰白薇紅色者曰紅薇紫帶藍色者曰翠薇此花四月開九月歇俗稱百日紅山園植之可稱耐久朋然花但宜遠望北人呼猴郎達樹以樹無皮猴不能捷也其名亦奇

芙蓉

宜植池岸臨水爲佳若他處植之絶無丰致有以靛紙蘸花蕊上仍裹其尖花開碧色以爲佳此甚無謂

萱花

萱草忘憂亦名宜男更可供食品巖間牆角最宜此種

又有金萱色淡黃香甚烈義興山谷遍滿吳中甚少他如紫白蛺蝶春羅秋羅鹿葱洛陽石竹皆此花之附庸也

薝蔔

一名越桃一名林蘭俗名梔子古稱禪友出自西域宜種佛室中其花不宜近嗅有微細蟲入人鼻孔齋閣可無種也

玉簪

潔白如玉有微香秋花中亦不惡但宜牆邊連種一帶

花時一望成雪若植盆石中最俗紫者名紫萼不佳

金錢

午開子落故名子午花長過尺許扶以竹箭乃不傾欹種石畔尤可觀

藕花

藕花池塘最勝或種五色官缸供庭除賞玩猶可缸上忌設小朱欄花亦當取異種如並頭重臺品字四面觀音碧蓮金邊等乃佳白者藕勝紅者房勝不可種七石酒缸及花缸內

水仙

水仙二種花高葉短單瓣者佳冬月宜多植但其性不耐寒取極佳者移盆盎置几案間次者雜植松竹之下或古梅奇石間更雅馮夷服花八石得爲水仙其名最雅六朝人乃呼爲雅蒜大可軒渠

鳳仙

號金鳳花宋避李后諱改爲好兒女花其種易生花葉俱無可觀更有以五色種子同納竹筒花開五色以爲奇甚無謂花紅能染指甲然亦非美人所宜

茉莉素馨夜合

夏夜最宜多置風輪一鼓滿室清芬章江編籬插棘俱用茉莉花時千艘俱集虎邱故花市初夏最盛培養得法亦能隔歲發花第枝葉非几案物不若夜合可供瓶玩

杜鵑

花極爛熳性喜陰畏熱宜置樹下陰處花時移置几案間別有一種名映山紅宜種石巖之上又名羊躑躅

秋色

吳中稱雞冠雁來紅十樣錦之屬名秋色秋深雜彩爛然俱堪點綴然僅可植廣庭若幽牕多種便覺蕪雜雞冠有矮脚者種亦奇

松

松柏古雖並稱然最高貴者必以松爲首天目最上然不易種取栝子松植堂前廣庭或廣臺之上不妨對偶齋中宜植一株下用文石爲臺或太湖石爲欄俱可水仙蘭蕙萱草之屬雜蒔其下山松宜植土岡之上龍鱗既成濤水相應何減五株九里哉

木槿

花中最賤然古稱舜華其名最遠又名朝菌編籬野岸不妨間植必稱林園佳友未之敢許也

桂

叢桂開時眞稱香窟宜闢地二畝取各種並植結亭其中不得顏以天香小山等語更勿以他樹雜之樹下地平如掌潔不容唾花落地卽取以充食品

柳

順插爲楊倒插爲柳更須臨池種之柔條拂水弄綠搓

黃大有逸致且其種不生蟲更可貴也西湖柳亦佳頗
涉脂粉氣白楊風楊俱不入品

黃楊

黃楊未必厄閏然實難長長丈餘者綠葉古株最可愛
玩不宜植盆盎中

芭蕉

綠牕分映但取短者爲佳蓋高則葉爲風所碎耳冬月
有去梗以稻艸覆之者過三年卽生花結甘露亦甚不
必又有作盆玩者更可笑不如櫻櫚爲雅且爲麈尾蒲

圜更適用也

槐榆

宜植門庭板扉綠映眞如翠幄槐有一種天然樛屈枝葉皆倒垂蒙密名盤槐亦可觀他如石楠冬靑杉柏皆邱壠間物非園林所尚也

梧桐

靑桐有佳蔭株綠如翠玉宜種廣庭中當日令人洗拭且取枝梗如畫者若直上而旁無他枝如拳如蓋及生棉者皆所不取其子亦可點茶生於山岡者曰岡梧子

可作油

椿

椿樹高聳而枝葉疎與樗不異香曰椿臭曰樗圃中沿牆宜多植以供食

銀杏

銀杏株葉扶疎新緑時最可愛吳中刹宇及舊家名園大有合抱者新植似不必

烏臼

秋晚葉紅可愛較楓樹更耐久茂林中有一株兩株不

減石徑寒山也

竹

種竹宜築土爲壠環水爲谿小橋斜渡陟級而登上留平臺以供坐臥科頭散髪儼如萬竹林中人也否則闢地數畝盡去雜樹四道石疊令稍高以石柱朱欄圍之竹下不留纖塵片葉可席地而坐或留石臺石凳之屬竹取長枝巨幹以毛竹爲第一然宜山不宜城城中則護基筍最佳餘不甚雅粉筋斑紫四種俱可燕竹最下慈姥竹卽桃枝竹不入品又有木竹黃菰竹箬竹方竹

黃金間碧玉觀音鳳尾金銀諸竹忌種花欄之上及庭中平植一帶牆頭直立數竿至如小竹叢生曰瀟湘竹宜於石巖小池之畔留植數枝亦有幽致種竹有疎種密種淺種深種之法疎種謂三四尺地方種一窠欲其土虛行鞭密種謂竹種雖疎然每窠却種四五竿欲其根密淺種謂種時入土不深深種謂入土雖不深上以田泥壅之如法無不茂盛又棕竹三等曰筋頭曰短柄二種枝短葉垂堪植盆盎曰樸竹節稀葉梗全欠溫雅但可作扇骨料及畫义柄耳

菊

吳中菊盛時好事家必取數百本五色相間高下次列以供賞玩此以誇富貴容則可若眞能賞花者必覓異種用古盆盎植一枝兩枝莖挺而秀葉密而肥至花發時置几榻間坐臥把玩乃爲得花之性情甘菊惟蕩口有一種枝曲如偃蓋花密如鋪錦者最奇餘僅可收花以供服食野菊宜著籬落間種菊有六要二防之法謂胎養土宜扶植雨暘修葺灌溉防蟲及雀作窠時必來摘葉此皆園丁所宜知又非吾輩事也至如瓦料盆及

合兩瓦爲盆者不如無花爲愈矣

蘭

蘭出自閩中者爲上葉如劒芒花高於葉離騷所謂秋蘭兮青青綠葉兮紫莖者是也次則贑州者亦佳此俱山齋所不可少然每處僅可置一盆多則類虎邱花市盆盎須覓舊龍泉均州内府供春絶大者忌用花缸牛腿諸俗製四時培植春日葉芽已發盆土已肥不可沃肥水常以塵帚拂拭其葉勿令塵垢夏日花開葉嫩勿以手搖動待其長茂然後拂拭秋則微撥開根土以米

泔水少許注根下勿漬污葉上冬則安頓向陽暖室天晴無風舁出時時以盆轉動四面令勻午後卽收入勿令霜雪侵之若葉黑無花則陰多故也治蟻虱惟以大盆或缸盛水浸逼花盆則蟻自去又治葉虱如白點以水一盆滴香油少許於内用綿蘸水拂拭亦自去矣此藝蘭簡便法也又有一種出杭州者曰杭蘭出陽羨山中者名興蘭一幹數花者曰蕙此皆可移植石巖之下須得彼中原本則歲歲發花珍珠風蘭俱不入品箬蘭其葉如箬似蘭無馨艸花奇種金粟蘭名賽蘭香特甚

瓶花

堂供必高瓶大枝方快人意忌繁雜如縛忌花瘦於瓶忌香煙燈煤熏觸忌油手拈弄忌井水貯瓶味鹹不宜於花忌以插花水入口梅花秋海棠二種其毒尤甚冬月入硫黄於瓶中則不凍

盆玩

盆玩時尚以列几案間者爲第一列庭榭中者次之余持論則反是最古者以天目松爲第一高不過二尺短不過尺許其本如臂其針若簇結爲馬遠之欹斜詰曲

郭熙之露頂張拳劉松年之偃亞層疊盛子昭之拖拽軒翥等狀栽以佳器槎牙可觀又有古梅蒼蘚鱗皴苔鬚垂滿含花吐葉歷久不敗者亦古若如時尚作沉香片者甚無謂蓋木片生花有何趣味眞所謂以耳食者矣又有枸杞及水冬青野榆檜柏之屬根若龍虵不露束縛鋸截痕者俱高品也其次則閩之水竹杭之虎刺尚在雅俗間乃若菖蒲九節神仙所珍見石則細見土則粗極難培養吳人洗根澆水竹翦修淨謂朝取葉間垂露可以潤眼意極珍之余謂此宜以石子鋪一小庭

徧種其上雨過青翠自然生香若盆中栽植列几案間殊爲無謂此與蟠桃雙果之類俱未敢隨俗作好也他如春之蘭蕙夏之夜合黃香萱夾竹桃花秋之黃密矮菊冬之短葉水仙及美人蕉諸種俱可隨時供玩盆以青綠古銅白定官哥等窰爲第一新製者五色內窰及供春粗料可用餘不入品盆宜圓不宜方尤忌長狹石以靈璧英石西山佐之餘亦不入品齋中亦僅可置一一盆不可多列小者忌架於朱几大者忌置於官磚得舊石凳或古石蓮磉爲座乃佳

長物志卷二

譚瑩玉生覆校

長物志卷三

明 文震亨 撰

水石

石令人古，水令人遠，園林水石，最不可無。要須迴環峭拔，安插得宜。一峯則太華千尋，一勺則江湖萬里。又須修竹、老木、怪藤、醜樹，交覆角立，蒼崖碧澗，奔泉汛流，如入深巖絕壑之中，乃爲名區勝地。約略其名，匪一端矣。志水石第三。

廣池

鑿池自畝以及頃，愈廣愈勝。最廣者，中可置臺榭之屬，或長堤橫隔，汀蒲、岸葦雜植其中，一望無際，乃稱巨浸。若須華整，以文石爲岸，朱欄迴遶，忌中留土，如俗名戰魚墩，或擬金焦之類。池傍植垂柳，忌桃杏間種。中畜凫雁，須十數爲羣，方有生意。最廣處可置水閣，必如圖畫中者佳，忌置簰舍。於岸側植藕花，削竹爲闌，勿令蔓衍，忌荷葉滿池，不見水色。

小池

階前石畔鑿一小池，必須湖石四圍，泉清可見底。中畜

朱魚翠藻游泳可玩四周樹野藤細竹能掘地稍深引泉脈者更佳忌方圓八角諸式

瀑布

山居引泉從高而下爲瀑布稍易園林中欲作此須截竹長短不一盡承簷溜暗接藏石罅中以斧劈石疊高下鑿小池承水置石林立其下雨中能令飛泉濆薄潺湲有聲亦一奇也尤宜竹間松下青葱掩映更自可觀亦有蓄水於山頂客至去閘水從空直注者終不如雨中承溜爲雅蓋總屬人爲此尤近自然耳

鑿井

井水味濁不可供烹煑然澆花洗竹滌硯拭几俱不可缺鑿井須於竹樹之下深見泉脈上置轆轤引汲不則蓋一小亭覆之石欄古號銀牀取舊製最大而古置其上井有神井傍可置頑石鑿一小龕遇歲時奠以清泉一杯亦自有致

天泉

秋水爲上梅水次之秋水白而冽梅水白而甘春冬二水春勝於冬蓋以和風甘雨故夏月暴雨不宜或因風

雷蛟龍所致最足傷人雪爲五穀之精取以煎茶最爲幽況然新者有土氣稍陳乃佳承水用布於中庭受之不可用簷溜

地泉

乳泉漫流如惠山泉爲最勝次取清寒者泉不難於清而難於寒土多沙膩泥凝者必不清寒又有香而甘者然甘易而香難未有香而不甘者也瀑湧湍急者勿食食久令人有頭疾如廬山水簾天台瀑布以供耳目則可入水品則不宜溫泉下生硫黃亦非食品

流水

江水取水人遠者揚子南泠夾石渟淵特入首品河流通泉竇者必須汲置候其澄澈亦可食

丹泉

名山大川仙翁修煉之處水中有丹其味異常能延年却病此自然之丹液不易得也

品石

石以靈璧爲上英石次之二種品甚貴購之頗艱大者尤不易得高踰數尺者便屬奇品小者可置几案間色

加漆聲如玉者最佳横石以蠟地而峯巒峭拔者爲上俗言靈壁無峯英石無坡以余所見亦不盡然他石紋片粗大絶無曲折屼嵂森聳崚嶒者近更有以大塊辰砂石青石綠爲研山盆石最俗

靈壁

出鳳陽府宿州靈壁縣在深山沙土中掘之乃見有細白紋如玉不起岩岫佳者如卧牛蟠螭種種異狀眞奇品也

英石

出英州倒生岩下以鋸取之故底平起峯高有至三尺
餘者小齋之前疊一小山最爲淸貴然道遠不易致

太湖石

石在水中者爲貴歲久爲波濤衝擊皆成空石面面玲
瓏在山上者名旱石枯而不潤贋作彈窩若歷年歲久
斧痕已盡亦爲雅觀吳中所尙假山皆用此石又有小
石久沈湖中漁人網得之與靈壁英石亦頗相類第聲
不淸響

堯峯石

近時始出苔蘚叢生古朴可愛以未經採鑿山中甚多但不玲瓏耳然正以不玲瓏故佳

崑山石

出崑山馬鞍山下生於山中掘之乃得以色白者爲貴有雞骨片胡桃塊二種然亦俗尚非雅物也間有高七八尺者置之古大石盆中亦可此山皆火石火氣暖故栽菖蒲等物於上最茂惟不可置几案及盆盎中

錦川將樂羊肚

石品惟此三種最下錦川尤惡每見人家石假山輒置

數峯於上不知何味斧劈以大而頑者爲雅若置立一片亦最可厭

土瑪瑙

出山東兖州府沂州花紋如瑪瑙紅多而細潤者佳有紅絲石白地上有赤紅紋有竹葉瑪瑙花斑與竹葉相類故名此俱可鋸板嵌几榻屏風之類非貴品也石子五色或大如拳或小如豆中有禽魚鳥獸人物方勝回紋之形置青緑小盆或宣窰白盆内斑然可玩其價甚貴亦不易得然齋中不可多置近見人家環列數盆竟

如賈肆新都人有名醉石齋者聞其藏石甚富且奇其地溪澗中另有純紅純綠者亦可愛玩

大理石

出滇中白若玉黑若墨爲貴白微帶青黑微帶灰者皆下品但得舊石天成山水雲烟如米家山此爲無上佳品古人以相屏風近始作几榻終爲非古近京口一種與大理相似但花色不清用藥塡之爲山雲泉石亦可得高價然眞僞亦易辨眞者更以舊爲貴

永石

卽祁陽石出楚中石不堅色好者有山水日月人物之象紫花者稍勝然多是刀刮成非自然者以手摸之凹凸者可驗大者以製屏亦雅

長物志卷三

譚瑩玉生覆校

長物志卷四

明　文震亨　撰

禽魚

語鳥拂閣以低飛，游魚排荇而徑度，幽人會心，輒令竟日忘倦。顧聲音顏色，飲啄態度，遠而巢居穴處，眠沙泳浦，戲廣浮深，近而穿屋賀厦，知歲司晨，啼春噪晚者，品類不可勝紀。丹林綠水，豈令凡俗之品闌入其中。故必疏其雅潔，可供清玩者數種，令童子愛養餌飼，得其性情，庶幾馴鳥雀，狎鳧魚，亦山林之經濟

禽魚第四

鶴

華亭鶴窠村所出具體高俊綠足龜文最爲可愛江陵鶴津維揚俱有之相鶴但取標格奇俊唳聲清亮頸欲細而長足欲瘦而節身欲人立背欲直削蓄之者當築廣臺或高岡土壠之上居以茅庵鄰以池沼飼以魚穀欲教以舞俟其飢置食於空野使童子拊掌頓足以誘之習之既熟一聞拊掌卽便起舞謂之食化空林別墅白石青松惟此君最宜其餘羽族俱未入品

鸂鶒

鸂鶒能敕水故水族不能害蓄之者宜於廣池巨浸十數爲羣翠毛朱喙燦然水中他如烏喙白鴨亦可蓄一二以代鵝羣曲欄垂柳之下游泳可玩

鸚鵡

鸚鵡能言然須教以小詩及韻語不可令鬧井市鄙俚之談聒然盈耳銅架食缸俱須精巧然此鳥及錦雞孔雀倒掛吐綬諸種皆斷爲閨閣中物非幽人所需也

百舌畫眉鸜鵒

飼養馴熟綿蠻軟語百種雜出俱極可聽然亦非幽齋所宜或於曲廊之下雕籠畫檻點綴景色則可吳中最尚此鳥余謂有禽癖者當覓茂林高樹聽其自然弄聲尤覺可愛更有小鳥名黃頭好鬬形既不雅尤屬無謂

朱魚

朱魚獨盛吳中以色如辰州朱砂故名此種最宜盆蓄有紅而帶黃色者僅可點綴陂池

魚類

初尚純紅純白繼尚金盔金鞍錦被及印頭紅裹頭紅

連腮紅首尾紅鶴頂紅繼又尚墨眼雪眼硃眼紫眼瑪瑙眼琥珀眼金管銀管時尚極以為貴又有堆金砌玉落花流水蓮臺八瓣隔斷紅塵玉帶圍梅花月波浪紋七星紋種種變態難以盡述然亦隨意定名無定式也

藍魚白魚

藍如翠白如雪迫而視之腸胃俱見卽朱魚別種亦貴甚

魚尾

自二尾以至九尾皆有之第美鍾於尾身材未必佳蓋

魚身必洪纖合度骨肉停勻花色鮮明方入格

觀魚

宜早起日未出時不論陂池盆盎魚皆蕩漾於淸泉碧沼之間又宜涼天夜月倒影插波時時驚鱗潑剌耳目爲醒至如微風披拂琮琮成韻雨過新漲縠紋皺綠皆觀魚之佳境也

吸水

盆中換水一兩日即底積垢膩宜用湘竹一段作吸水筒吸去之倘過時不吸色便不鮮美故佳魚池中斷不

可蒔

水缸

有古銅缸大可容二石青綠四裹古人不知何用當是穴中注油點燈之物今取以蓄魚最古其次以五色內府官窰瓷州所燒純白者亦可用惟不可用宜興所燒花缸及七石牛腿諸俗式余所以列此者實以備清玩一種若必按圖而索亦爲板俗矣

長物志卷四

譚瑩玉生覆校

長物志卷五

明 文震亨 撰

書畫

金生於山珠產於淵取之不窮猶爲天下所珍惜況圖畫在宇宙歲月既久名人藝士不能復生可不珍祕寶愛一入俗子之手動見勞辱卷舒失所操揉燥裂眞書畫之厄也故有收藏而未能識鑒識鑒而未善閱玩閱玩而不能裝褫裝褫而不能銓次皆非能眞蓄書畫者又蓄聚既多妍媸混雜甲乙次第毫不

可訛若使眞贋並陳新舊錯出如入賈胡肆中有何趣味所藏必有晉唐宋元名蹟乃稱博古若徒取近代紙墨較量眞僞心無眞賞以耳爲目手執卷軸口論貴賤眞惡道也志書畫第五

論書

觀古法書當澄心定慮先觀用筆結體精神照應次觀人爲天巧自然强作次考古今跋尾相傳來歷次辨收藏印識紙色絹素或得結構而不得鋒鋩者模本也得筆意而不得位置者臨本也筆勢不聯屬字形如算子

者集書也形跡雖存而眞彩神氣索然者雙鈎也又古人用墨無論燥潤肥瘦俱透入紙素後人僞作墨浮而易辨

論畫

山水第一竹樹蘭石次之人物鳥獸樓殿屋木小者次之大者又次之人物顧盼語言花果迎風帶露鳥獸蟲魚精神逼眞山水林泉淸閒幽曠屋廬深邃橋彴往來石老而潤水淡而明山勢崔嵬泉流灑落雲烟出沒野逕紆回松偃龍蛇竹藏風雨山脚入水澄淸水源來歷

分曉有此數端雖不知名定是妙手若人物如尸如塑花果類粉捏雕刻蟲魚鳥獸但取皮毛山水林泉布置迫塞樓閣模糊錯雜橋彴強作斷形徑無夷險路無出入石止一面樹少四枝或高大不稱或遠近不分或濃淡失宜點染無法或山腳無水面水源無來歷雖有名欵定是俗筆爲後人塡寫至於臨摹贗手落墨設色自然不古不難辨也

書畫價

書價以正書爲標準如右軍草書一百字乃敵一行行

書三行行書敵一行正書至於樂毅黃庭畫贊告誓但得成篇不可計以字數畫價亦然山水竹石古名賢像可當正書人物花鳥小者可當行書人物大者及神圖佛像宮室樓閣走獸蟲魚可當草書若夫臺閣標功臣之烈宮殿彰貞節之名妙將入神靈則通聖開廚或失挂壁欲飛但涉奇書異名即爲無價國寶又書畫原爲雅道一作牛鬼蛇神不可詰識無論古今名手俱落第二

古今優劣

書學必以時代爲限六朝不及晉魏宋元不及六朝與唐畫則不然佛道人物仕女牛馬近不及古山水林石花竹禽魚古不及近如顧愷之陸探微張僧繇吳道玄及閻立德立本皆純重雅正性出天然周昉韓幹戴嵩氣韻骨法皆出意表後之學者終莫能及至如李成關仝范寬董源徐熙黃筌居寀二米勝國松雪大癡元鎮叔明諸公近代唐沈及吾家太史和州輩皆不藉師資窮工極致借使二李復生邊鸞再出亦可以措手其間故蓄書必遠求上古蓄畫始自顧陸張吳下至嘉隆名

筆皆有奇觀惟近時點染𠀋公則未敢輕議

粉本

古人畫藁謂之粉本前輩多寶蓄之蓋其草草不經意處有自然之妙宣和紹興所藏粉本多有神妙者

賞鑒

看書畫如對美人不可毫涉粗浮之氣蓋古畫紙絹皆脆舒卷不得法最易損壞尤不可近風日燈下不可看畫恐落煤燼及爲燭淚所污飯後醉餘欲觀卷軸須以淨水滌手展玩之際不可以指甲剔損諸如此類不可

枚舉然必欲事事勿犯又恐涉強作淸態惟遇眞能賞鑒及閱古甚富者方可與談若對傖父輩惟有珍祕不出耳

絹素

古畫絹色墨氣自有一種古香可愛惟佛像有香烟熏黑多是上下二色僞作者其色黃而不精采古絹自然破者必有鯽魚口須連三四絲僞作則直裂唐絹絲粗而厚或有搗熟者有獨梭絹闊四尺餘者五代絹極粗如布宋有院絹勻淨厚密亦有獨梭絹闊五尺餘細密

如紙者元絹及國朝內府絹俱與宋絹同勝國時有宓機絹松雪子昭畫多用此蓋出嘉興府宓家以絹得名今此地尚有佳者近董太史筆多用砑光白綾未免有進賢氣

御府書畫

宋徽宗御府所藏書畫俱是御書標題後用宣和年號玉瓢御寶記之題畫書於引首一條闊僅指大傍有木印黑字一行俱裝池匠花押名欵然亦眞僞相雜蓋當時名手臨摹之作皆題爲眞蹟至明昌所題更多然今

人得之亦可謂買王得羊矣

院畫

宋畫院衆工凡作一畫必先呈稿本然後上眞所畫山水人物花木鳥獸皆是無名者今國朝內畫水陸及佛像亦然金碧輝燦亦奇物也今人見無名人畫輒以形像塡寫名欵覓高價如見牛必戴嵩見馬必韓幹之類皆爲可笑

單條

宋元古畫斷無此式蓋今時俗制而人絕好之齋中懸

挂俗氣逼人眉睫卽果眞蹟亦當減價

名家

書畫名家收藏不可錯雜大者懸挂齋壁小者則爲卷冊置几案間邃古篆籀如鍾張衞索顧陸張吳及歷代不甚著名者不能具論書則右軍大令智永虞永興褚河南歐陽率更唐玄宗懷素顏魯公柳誠懸張長史李懷琳宋高宗李建中二蘇二米范文正黃魯直蔡忠惠蘇滄浪薛紹彭黃長睿薛道祖范文穆張卽之先信國趙吳興鮮于伯機康里子山張伯雨倪元鎭俞紫芝楊

鐵厓柯舟邱袁淸容危太素我朝則宋文憲濂中書舍人燧方遜志孝孺宋南宮克沈學士度俞紫芝和徐武功有貞金元玉琮沈大理粲解學士大紳錢文通溥桑柳州悅祝京兆允明吳文定寬先太史徵明王太學寵李太僕應禎王文恪鏊唐解元寅顧尙書璘豐考功坊先兩博士彭嘉王吏部穀祥陸文裕深彭孔嘉年陸尙寶師道陳方伯鎏蔡孔目羽陳山人湻張孝廉鳳翼王徵君穉登周山人天球邢侍御侗董太史其昌又如陳文東璧姜中書立綱雖不能洗院氣而亦錚錚有名者

畫則王右丞李思訓父子周昉董北苑李營邱郭河陽
米南宫朱巖宗米元暉崔白黄筌居寀文與可李伯時
郭忠恕董仲翔蘇文忠蘇叔黨王晉卿張舜民楊補之
楊季衡陳容李唐馬遠馬逵夏珪范寬關仝荆浩李山
趙松雪管仲姬趙仲穆趙千里李息齋吳仲圭錢舜舉
盛子昭陳珏陳仲美陸天游曹雲西唐子華王元章高
士安高克恭王叔明黄子久倪元鎮柯舟邱方方壺戴
文進王孟端夏太常趙善長陳惟允徐幼文張來儀宋
南宫周東村沈貞吉恒吉沈石田杜東原劉完庵先太

史先和州五峯唐解元張夢晉周官謝時臣陳道復仇十洲錢叔寶陸叔平皆名筆不可缺者他非所宜蓄即有之亦不當出以示人又如鄭顛仙張復陽鍾欽禮蔣三松張平山汪海雲皆畫中邪學尤非所尚

宋綉宋刻絲

宋繡針線細密設色精妙光彩射目山水分遠近之趣樓閣得深邃之體人物具瞻眺生動之情花鳥極綽約嚵唼之態不可不蓄一二幅以備畫中一種

裝潢

裝潢書畫秋爲上時春爲中時夏爲下時暑濕及沍寒俱不可裝裱勿以熟紙背必皺起宜用白滑漫薄大幅生紙紙縫先避人面及接處若縫縫相接則卷舒緩急有損必令參差其縫則氣力均平太硬則强急太薄則失力絹素彩色重者不可擣理古書有積年塵埃用皁莢清水數宿託於太平案扞云畫復鮮明色亦不落補綴之法以油紙襯之直其邊際密其隟縫正其經緯就其形制拾其遺脫厚薄均調潤潔平穩又凡書畫法帖不脫落不宜數裝背一裝背則一損精神古紙厚者必

不可揭薄

法糊

用瓦盆盛水以麵一斤滲水上任其浮沉夏五日冬十日以臭爲度後用清水蘸白芨半兩白礬三分去滓和元浸麵打成就鍋内打成團另換水煮熟去水傾置一器候冷日換水浸臨用以湯調開忌用濃糊及敝帚

裝褫定式

上下天地須用皁綾龍鳳雲鶴等樣不可用團花及葱白月白二色二垂帶用白綾闊一寸許烏絲粗界畫二

條玉池白綾亦用前花樣書畫小者須挖嵌用淡月白
畫絹上嵌金黃綾條闊半寸許蓋宣和裱法用以題識
旁用沉香皮條邊大者四面用白綾或單用皮條邊亦
可參書有舊人題跋不宜翦削無題跋則斷不可用畫
卷有高頭者不須嵌不則亦以細畫絹挖嵌引首須用
宋經箋白宋箋及宋元金花箋或高麗繭紙日本畫紙
俱可大幅上引首五寸下引首四寸小全幅上引首四
寸下引首三寸上褾除擫竹外淨二尺下褾除軸淨一
尺五寸橫卷長二尺者引首闊五寸前褾闊一尺餘俱

以是爲率

褾軸

古人有鏤沉檀爲軸身以裹金鎏金白玉水晶琥珀瑪瑙雜寶爲飾貴重可觀蓋白檀香潔去蟲取以爲身最有深意今既不能如舊製只以杉木爲身用犀象角玉種雕如舊式不可用紫檀花梨法藍諸俗製畫卷唐上軸形製既小不妨以寶玉爲之斷不可用平軸籤以犀玉爲之曾見宋玉籤半嵌鍋帶內者最奇

裱錦

古有樗蒲錦樓閣錦紫駝花鸞章錦朱雀錦鳳皇錦走龍錦翻鴻錦皆御府中物有海馬錦龜紋錦粟地錦皮毬錦皆宣和綾及宋繡花鳥山水爲裝池卷首最古今所尚落花流水錦亦可用惟不可用宋段及紵絹等物帶用錦帶亦有宋織者

藏畫

以杉桫木爲匣匣内切勿油漆糊紙恐惹黴濕四五月先將畫幅幅展看微見日色收起入匣去地丈餘庶免黴白平時張挂須三五日一易則不厭觀不惹塵濕收

起時先拂去兩面塵垢則質地不損

小畫匣

短軸作橫面開門匣畫直放入軸頭貼籤標寫某書某畫甚便取看

捲畫

須顧邊齊不宜局促不可太寬不可着力捲緊恐急裂絹素拭抹用軟絹細細拂之不可以手托起畫軸就觀多致損裂

法帖

歷代名家碑刻當以淳化閣帖壓卷侍書王著勒未有篆題者是蔡京奉旨摹者曰太清樓帖僧希白所摹者曰潭帖尚書郎潘思旦所摹者曰絳帖王宷輔道守汝州所刻者曰汝帖宋許提舉刻於臨江者曰二王帖元祐中刻者曰祕閣續帖淳熙年刻者曰修内司本高宗訪求遺書於淳熙閣摹刻者曰淳熙祕閣續帖南唐後主命徐鉉勒石在淳化之前者曰昇元帖劉次莊摹閣帖除去篆題年月而增入釋文者曰戲元堂帖武岡軍重摹絳帖曰武岡帖上蔡人臨摹絳帖曰蔡州帖趙彥

約於南康所刻曰星鳳樓帖廬江李氏刻曰甲秀堂帖
黔人秦世章所刻曰黔江帖泉州重摹閣帖曰泉帖韓
平原所刻曰羣玉堂帖薛紹彭所刻曰家塾帖曹之格
日新所刻曰寶晉齋帖王庭筠所刻曰雪谿堂帖周府
所刻曰東書堂帖吾家所刻曰停雲館帖小停雲帖華
氏刻曰眞賞齋帖皆帖中名刻摹勒皆精又如歷代名
帖收藏不可缺者周秦漢則史籀篆石鼓文壇山石刻
李斯篆泰山朐山嶧山諸碑秦誓詛楚文章帝艸書帖
蔡邕淳于長夏承碑郭有道碑九疑山碑邊韶碑宣父

碑北岳碑崔子玉張平子墓碑郭香察隸西岳華山碑魏帖則元帝賀捷表大饗碑薦季直表受禪碑上尊號碑宗聖侯碑劉玄州華岳碑吳帖則國山碑延陵季子二碑晉帖則蘭亭記筆陣圖黃庭經聖教序樂毅論周府君碑東方朔贊洛神賦曹娥碑告墓文攝山寺碑裴雄碑興福寺碑宣示帖平西將軍墓銘梁思楚碑羊祜峴山碑宋齊梁陳帖則宋文帝神道碑齊倪桂金庭觀碑齊南陽寺隸書碑梁茅君碑瘞鶴銘劉靈正墮淚碑魏齊周帖則有魏裴思順教戒經北齊王思誠八分茅

山碑後周大宗伯唐景碑蕭子雲章草出師頌天柱山銘隋帖則有開皇蘭亭薛道衡書朱廠碑舍利塔銘龍藏寺碑智永眞行二體千文草書蘭亭唐帖歐書則九成宮銘房定公墓碑化度寺碑皇甫君碑虞恭公碑眞書千文小楷心經夢奠帖金蘭帖虞書則夫子廟堂碑破邪論寶曇塔銘陰聖道場碑汝南公主碑贊法師碑褚書則樂毅論哀冊文忠臣像贊龍馬圖贊臨摹蘭亭臨摹聖教陰符經度人經紫陽觀碑柳書則金剛經玄祕塔銘顏書則爭坐位帖麻姑仙壇二祭文家廟碑元

次山碑多寶寺碑放生池碑射堂記北岳廟碑艸書千文磨崖碑干祿字帖懷素書則自序三種草書千文聖母帖藏眞律公二帖李北海書則陰符經娑羅樹碑曹娥碑泰望山碑臧懷庇碑有道先生葉公碑岳麓寺碑開元寺碑荆門行雲麾將軍碑李思訓碑戒壇碑太宗書魏徵碑屛風帖李勣碑元宗一行禪師塔銘孝經金仙公主碑孫過庭書譜柳公綽諸葛廟堂碑李陽冰篆書千文城隍廟碑孔子廟碑歐陽通道因禪師碑薛稷昇仙太子碑張旭草書千文僧行敦遺教經宋則蘇黃

諸公如洋州園池天馬賦等類元則趙松雪國朝則二宋諸公所書佳者亦當兼收以供賞鑒不必太雜

南北紙墨

古之北紙其紋橫質鬆而厚不受墨北墨色青而淺不和油蠟故色澹而紋皺謂之蟬翅搨南紙其紋竪用油蠟故色純黑而有浮光謂之烏金搨

古今帖辨

古帖歷年久而裱數多其墨濃者堅若生漆紙面光彩如研並無沁墨水跡侵染且有一種異馨發自紙墨之

外

裝帖

古帖宜以文木薄一分許爲板而上刻碑額卷數次則用厚紙五分許以古色錦或青花白地錦爲面不可用綾及雜彩色更須製匣以藏之宜少方闊不可狹長闊狹不等以白鹿紙廂邊不可用絹十冊爲匣大小如一式乃佳

宋板

藏書貴宋刻大都書寫肥瘦有則佳者有歐柳筆法紙

質勻潔墨色清潤至於格用單邊字多諱筆雖辨證之一端然非考據要訣也書以班范二書左傳國語老莊史記文選諸子爲第一名家詩文雜記道釋等書次之紙白板新綿紙者爲上竹紙活襯者亦可觀糊背批點不蓄可也

懸畫月令

歲朝宜宋畫福神及古名賢像元宵前後宜看燈傀儡正二月宜春遊士女梅杏山茶玉蘭桃李之屬三月三日宜宋畫眞武像清明前後宜牡丹芍藥四月八日宜

宋元人畫佛及宋繡佛像十四宜宋畫純陽像端五宜眞人玉符及宋元名筆端陽景龍舟艾虎五毒之類六月宜宋元大樓閣大幅山水蒙密樹石大幅雲山採蓮避暑等圖七夕宜穿鍼乞巧天孫織女樓閣芭蕉士女等圖八月宜古桂或天香書屋等圖九十月宜菊花芙蓉秋江秋山楓林等圖十一月宜雪景臘梅水仙醉楊妃等圖十二月宜鍾馗迎福驅魅嫁妹臘月廿五宜玉帝五色雲車等圖至如移家則有葛仙移居等圖稱壽則有院畫壽星王母等圖祈晴則有東君祈雨則有古

畫風雨神龍春雷起蟄等圖立春則有東皇太乙等圖皆隨時懸挂以見歲時節序若大幅神圖及杏花燕子紙帳梅過牆梅松柏鶴鹿壽意之類一落俗套斷不宜懸至如宋元小景枯木竹石四幅大景又不當以時序論也

長物志卷五

譚瑩玉生覆校

長物志卷六

明 文震亨 撰

几榻

古人製几榻雖長短廣狹不齊置之齋室必古雅可愛又坐臥依憑無不便適燕衎之暇以之展經史閱書畫陳鼎彝羅肴核施枕簟何施不可今人製作徒取雕繪文飾以悅俗眼而古制蕩然令人慨歎實深志几榻第六

榻

坐高一尺二寸屏高一尺三寸長七尺有奇横三尺五寸周設木格中實湘竹下座不虚三面靠背後背與兩傍等此榻之定式也有古斷紋者有元螺鈿者其製自然古雅忌有四足或有螳螂腿下承以板則可近有大理石鑲者有退光朱黑漆中刻竹樹以粉塡者有新螺鈿者大非雅器他如花楠紫檀烏木花棃照舊式製成俱可用一改長大諸式雖曰美觀俱落俗套更見元製榻有長一丈五尺闊二尺餘上無屏者蓋古人連牀夜臥以足抵足其製亦古然今却不適用

短榻

高尺許長四尺置之佛堂書齋可以習靜坐禪談元揮麈更便斜倚俗名彌勒榻

曲几

以怪樹天生屈曲若環若帶之半者爲之橫生三足出自天然摩弄滑澤置之榻上或蒲團可倚手頓顙又見圖畫中有古人架足而臥者製亦奇古

禪椅

以天台藤爲之或得古樹根如虬龍詰曲臃腫槎牙四

出可挂瓢笠及數珠瓶鉢等器更須瑩滑如玉不露斧斤者爲佳近見有以五色芝粘其上者頗爲添足

天然几

以文木如花梨鐵梨香楠等木爲之第以闊大爲貴長不可過八尺厚不可過五寸飛角處不可太尖須平圓乃古式照倭几下有拖尾者更奇不可用四足如書桌式或以古樹根承之不則用木如臺面闊厚者空其中略雕雲頭如意之類不可雕龍鳳花草諸俗式近時所製狹而長者最可厭

書桌

中心取闊大四週廂邊闊僅半寸許足稍矮而細則其製自古凡狹長混角諸俗式俱不可用漆者尤俗

壁桌

長短不拘但不可過闊飛雲起角螳螂足諸式俱可供佛或用大理及祁陽石鑲者出舊製亦可

方桌

舊漆者最佳要取極方大古朴列坐可十數人者以供展玩書畫若近製八仙等式僅可供宴集非雅器也燕

几別有譜圖

臺几

倭人所製種類大小不一俱極古雅精麗有鍍金鑲四角者有嵌金銀片者有暗花者價俱甚貴近時倣舊式爲之亦有佳者以置尊彝之屬最古若紅漆狹小三角諸式俱不可用

椅

椅之製最多曾見元螺鈿椅大可容二人其製最古烏木鑲大理石者最稱貴重然亦須照古式爲之總之宜

矮不宜高宜闊不宜狹其摺疊單靠吳江竹椅專諸禪椅諸俗式斷不可用踏足處須以口鑲之庶歷久不壞

杌

杌有二式方者四面平等長者亦可容二人並坐圓杌須大四足彭出古亦有螺鈿朱黑漆者竹杌及縚環諸俗式不可用

凳

凳亦用狹邊廂者爲雅以川柏爲心以烏木鑲之最古不則竟用雜木黑漆者亦可用

交牀

卽古胡牀之式兩脚有嵌銀銀鉸釘圓木者擕以山遊或舟中用之最便金漆摺疊者俗不堪用

櫥

藏書櫥須可容萬卷愈闊愈古惟深僅可容一册卽闊至丈餘門必用二扇不可用四及六小櫥以有座者爲雅四足者差俗卽用足亦必高尺餘下用櫥殿僅宜二尺不則兩櫥疊置矣櫥殿以空如一架者爲雅小櫥有方二尺餘者以置古銅玉小器爲宜大者用杉木爲之

可辟蠹小者以湘妃竹及豆瓣楠赤水欏古黑漆斷紋者爲甲品雜木亦俱可用但式貴去俗耳鉸釘忌用白銅以紫銅照舊式兩頭尖如梭子不用釘釘者爲佳竹橱及小木直楞一則市肆中物一則藥室中物俱不可用小者有内府塡漆有日本所製皆奇品也經橱用朱漆式稍方以經冊多長耳

架

書架有大小二式大者高七尺餘闊倍之上設十二格每格僅可容書十冊以便檢取下格不可置書以近地

卑溼故也足口當稍高小者可置几上二格平頭方木竹架及朱黑漆者俱不堪用

佛櫥佛卓

用朱黑漆須極華整而無脂粉氣有內府雕花者有古漆斷紋者有日本製者俱自然古雅近有以斷紋器湊成者若製作不俗亦自可用若新漆八角委角及建窰佛像斷不可用也

牀

以宋元斷紋小漆牀爲第一次則內府所製獨眠牀又

次則小木出高手匠作者亦自可永嘉粵東用有摺疊者舟中攜置亦便若竹狀及飄簷拔步彩漆卍字回文等式俱俗近有以柏木琢細如竹者甚精宜閨閤及小齋中

箱

倭箱黑漆嵌金銀片大者盈尺其鉸釘鎖鑰俱奇巧絕倫以置古玉重器或晉唐小卷最宜又有一種差大式亦古雅作方勝纓絡等花者其輕如紙亦可置卷軸香藥雜玩齋中宜多畜以備用又有一種古斷紋者上員

下方乃古人經箱以置佛坐間亦不俗

屏

屏風之制最古以大理石鑲下座精細者爲貴次則祁陽石又次則花蘂石不得舊者亦須倣舊式爲之若紙糊及圍屏木屏俱不入品

脚凳

以木製滚凳長二尺闊六寸高如常式中分一檔內二空中車圓木二根兩頭留軸轉動以脚踹軸滚動往來蓋湧泉穴精氣所生以運動爲妙竹踏凳方而大者亦

可用古琴磚有狹小者夏月用作踏凳甚凉

長物志卷六

譚瑩玉生覆校

長物志卷七

明 文震亨 撰

器具

古人製器尚用不惜所費故制作極備非若後人苟且上至鍾鼎刀劍盤匜之屬下至隃糜側理皆以精良爲樂匠徒銘金石尚款識而已今人見聞不廣又習見時世所尚遂至雅俗莫辨更有專事絢麗目不識古軒窗几案毫無韻事而侈言陳設未之敢輕許也志器具第七

香鑪

三代秦漢鼎彝及官哥定窰龍泉宣窰皆以備賞鑒非日用所宜惟宣銅彝鑪稍大者最爲適用宋姜鑄亦可惟不可用神鑪太乙及鎏金白銅雙魚象鬲之類尤忌者雲間潘銅胡銅所鑄八吉祥倭景百釘諸俗式及新製建窰五色花窰等鑪又古青綠博山亦可間用木鼎可置山中石鼎惟以供佛餘俱不入品古人鼎彝俱有底蓋今人以木爲之烏木者最上紫檀花梨俱可忌菱花葵花諸俗式鑪頂以宋玉帽頂及角端海獸諸樣隨

隨鑪大小配之瑪瑙水晶之屬舊者亦可用

香合

宋剔合色如珊瑚者爲上古有一劍環二花草三人物之説又有五色漆胎刻法深淺隨妝露色如紅花綠葉黃心黑石者次之有倭盒三子五子者有倭撞金銀片者有果園廠大小二種底蓋各置一廠花色不等故以一合爲貴有内府塡漆合俱可用小者有定窑饒窑蔗段串鈴二式餘不入品尤忌描金及書金字徽人剔漆幷磁合卽宣成嘉隆等窑俱不可用

隔火

鑪中不可斷火即不焚香使其長温方有意趣且灰燥易然謂之活灰隔火砂片第一定片次之玉片又次之金銀不可用以火浣布如錢大者銀鑲四圍供用尤妙

匙筯

紫銅者佳雲間胡文明及南都白銅者亦可用忌用金銀及長大塡花諸式

筯瓶

官哥定窰者雖佳不宜日用吳中近製短頸細孔者插

觔下重不仆銅者不入品

袖鑪

熏衣炙手袖鑪最不可少以倭製漏空罩蓋漆鼓爲上新製輕重方圓二式俱俗製也

手鑪

以古銅青綠大盆及簠簋之屬爲之宣銅獸頭三脚鼓鑪亦可用惟不可用黄白銅及紫檀花梨等架脚鑪舊鑄有頫仰蓮坐細錢紋者有形如匣者最雅被鑪有香毬等式俱俗竟廢不用

香筒

舊者有李文甫所製中雕花鳥竹石略以古簡爲貴若太涉脂粉或雕鏤故事人物便稱俗品亦不必置懷袖間

筆格

筆格雖爲古製然旣用研山如靈璧英石峯巒起伏不露斧鑿者爲之此式可廢古玉有山形者有舊玉子母猫長六七寸白玉爲母餘取玉玷或純黃純黑玳瑁之類爲子者古銅有鏒金雙螭挽格有十二峯爲格有單

螭起伏為格窰器有白定三山五山及臥花哇者俱藏以供玩不必置几研間俗子有以老樹根枝蟠曲萬狀或為龍形爪牙俱備者此俱最忌不可用

筆牀

筆牀之製世不多見有古鎏金者長六七寸高寸二分闊二寸餘上可臥筆四矢然形如一架最不美觀即舊式可廢也

筆屏

鑲以插筆亦不雅觀有宋內製方圓玉花版有大理舊

石方不盈尺者置几案間亦爲可厭廢此式可也

筆筒

湘竹栟櫚者佳毛竹以古銅鑲者爲雅紫檀烏木花梨亦間可用忌八棱菱花式陶者有古白定竹節者最貴然艱得大者冬青磁細花及宣窰者俱可用又有鼓樣中有孔插筆及墨者雖舊物亦不雅觀

筆船

紫檀烏木細鑲竹篾者用惟不可以牙玉爲之

筆洗

玉者有鉢盂洗長方洗玉環洗古銅者有古鑲金小洗有青綠小盂有小釜小卮匜此五物原非筆洗今用作洗最佳陶者有官哥葵花洗磬口洗四捲荷葉洗捲口簾段洗龍泉有雙魚洗菊花洗百摺洗定窰有三箍洗梅花洗方池洗宣窰有魚藻洗葵瓣洗磬口洗鼓樣洗俱可用忌絛環及青白相間諸式又有中盞作洗邊盤作筆覘者此不可用

筆覘

定窰龍泉小淺碟俱佳水晶琉璃諸式俱不雅有玉碾

片葉爲之者尤俗

水中丞

銅性猛貯水久則有毒易脆筆故必以陶者爲□古銅入土歲久與窰器同惟宣銅則斷不可用玉者有元口甕腹大僅如拳古人不知何用今以盛水甚佳古銅者有小尊罍小甑之屬俱可用陶者有官哥甕肚小口鉢盂諸式近有陸子岡所製獸面錦地與古尊罍同者雖佳器然不入品

水注

古銅玉俱有辟邪蟾蜍天雞天鹿半身鸕鷀杓鏒金雁壺諸式滴子一合者爲佳有銅鑄眠牛以牧童騎牛作注管者最俗大抵鑄爲人形即非雅器又有犀牛天祿龜龍天馬口銜小盂者皆古人注油點燈非水滴也陶者官哥白定方圓立瓜卧瓜雙桃蓮房蔕葉茄壺諸式宣窯有五采桃注石榴雙瓜雙鴛諸式俱不如銅者爲雅

糊斗

有古銅有蓋小提卣大如拳上有提梁索股者有甕肚

如小酒杯式乘方座者有三箍長桶下有三足姜鑄回文小方斗俱可用陶者有定窯蒜蒲長礶哥窯方斗如斛中置一梁者然不如銅者便于出洗

蠟斗

古人以蠟代糊故緘封必用蠟斗爇之今雖不用蠟亦可收以充玩大者亦可作水杓

鎮紙

玉者有古玉兎玉牛玉馬玉鹿玉羊玉蟾蜍蹲虎辟邪子母螭諸式最古雅銅者有青緑蝦蟆蹲虎蹲螭眠犬

鎏金辟邪卧馬龜龍亦可用其瑪瑙水晶官哥定窑俱非雅器宣銅馬牛猫犬狻猊之屬亦有絶佳者

壓尺

以紫檀烏木爲之上用舊玉璏爲紐俗所稱昭文帶是也有倭人鏒金雙桃銀葉爲紐雖極工緻亦非雅物又有中透出竅内藏刀錐之屬者尤爲俗製

祕閣

以長樣古玉璏爲之最雅不則倭人所造黑漆祕閣如古玉圭者質輕如紙最妙紫檀雕花及竹雕花巧人物

者俱不可用

貝光

古以貝螺爲之今得水晶瑪瑙古玉物中有可代者更雅

裁刀

有古刀筆青綠裹身上尖下圓長僅尺許古人殺青爲書故用此物今僅可供玩非利用也日本番人有絕小者鋒甚利刀靶俱用鸂鶒木取其不染肥膩最佳滇中鏒金銀者亦可用溧陽崑山二種俱入惡道而陸小拙

爲尤甚矣

剪刀

有賓鐵剪外面起花鍍金内餕回回字者製作極巧倭製摺疊者亦可用

書燈

有古銅駝燈羊燈龜燈諸葛燈俱可供玩而不適用有青緑銅荷一片檠架花朶於上古人取金蓮之意今用以爲燈最雅定窰三臺宣窰二臺者俱不堪用錫者取舊製古朴矮小者爲佳

燈

閩中珠燈第一玳瑁琥珀魚魫次之羊皮燈名手如趙虎所畫者亦當多蓄料絲出滇中者最勝丹陽所製有橫光不甚雅至如山東珠麥柴梅李花草百鳥百獸夾紗墨紗等製俱不入品燈樣以四方如屏中穿花鳥清雅如畫者爲佳人物樓閣僅可于羊皮屏上用之他如蒸籠圈水精毬雙層三層者俱最俗篾絲者雖極精工華絢終爲酸氣曾見元時布燈最奇亦非時尚也

鏡

秦陀黑漆古光背質厚無文者爲上水銀古花背者次之有如錢小鏡滿背青綠嵌金銀五嶽圖者可供攜具菱角八角有柄方鏡俗不可用軒轅鏡其形如毬臥榻前懸挂取以辟邪然非舊式

鉤

古銅腰束縧鉤有金銀碧填嵌者有片金銀者有用獸爲肚者皆三代物也有羊頭鉤螳螂捕蟬鉤鏒金者皆秦漢物也齋中多設以備懸壁挂畫及拂塵羽扇等用最雅自寸以至盈尺皆可用

束腰

漢鉤漢玦僅二寸餘者用以束腰甚便稍大則便入玩器不可日用縚用洗沉香真紫餘俱非所宜

禪燈

高麗者佳有月燈其光白瑩如初月有日燈得火內照一室皆紅小者尤可愛高麗有頫仰蓮三足銅鑪原以置此今不可得別作小架架之不可製如角燈之式

香櫞盤

有古銅青綠盤有官哥定窯冬青磁龍泉大盤有宣德

暗花白盤蘇麻尼青盤朱砂紅盤以置香櫞皆可此種出時山齋最不可少然一盤四頭旣板且套或以大盤二三十尤俗不如覔舊珠雕茶托架一頭以供青玩也或得舊磁盤長樣者置二頭于几案間亦可

如意

古人用以指揮向往或防不測故煉鐵爲之非直美觀而已得舊鐵如意尚有金銀錯或隱或見古色濛然者最佳至如天生樹枝竹鞭等制皆廢物也

麈

古人用以淸談今若對客揮麈便見之欲嘔矣然齋中懸挂壁上以備一種有舊玉柄者其拂以白尾及青絲爲之雅若天生竹鞭萬歲藤雖玲瓏透漏俱不可用

錢

錢之爲式甚多詳具錢譜有金嵌青綠刀錢可爲籤如博古圖等書成大套者用之鵝眼貨布可挂杖頭

瓢

得小匾葫蘆大不過四五寸而小者半之以水磨其中布擦其外光彩瑩潔水溼不變塵污不染用以懸挂杖

頭及樹根禪椅之上俱可更有二瓢並生者有可爲冠者俱雅其長腰鷺鷥曲項俱不可用

鉢

取深山巨竹根車旋爲鉢上刻銘字或梵書或五嶽圖塡以石靑光潔可愛

花瓶

古銅入土年久受土氣深以之養花花色鮮明不特古色可玩而已銅器可插花者曰尊曰罍曰瓢曰壺隨花大小用之磁器用官哥定窰古膽瓶一枝瓶小蓍草瓶

紙槌瓶餘如闇花青花茄袋葫蘆細口匾肚瘦足藥罈及新鑄銅瓶建窯等瓶俱不入清供尤不可用者鵝頸壁瓶也古銅漢方瓶龍泉均州瓶有極大高二三尺者以插古梅最相稱瓶中俱用錫作替管盛水可免破裂之患大都瓶寧瘦無過壯寧大無過小高可一尺五寸低不過一尺乃佳

鐘磬

不可對設得古銅秦漢鎛鐘編鐘及古靈璧石磬聲清韻遠者懸之齋室擊以清耳磬有舊玉者股三寸長尺

餘僅可供玩

杖

鳩杖最古葢老人多咽鳩能治咽故也有三代立鳩飛鳩杖頭周身金銀塡嵌者飾于方竹筇竹萬歲藤之上最古杖頭須長七尺餘磨弄滑澤乃佳天台藤更有自然屈曲者一作龍頭諸式斷不可用

坐墩

冬月用蒲草爲之高一尺二寸四面編束細密堅實內用木車坐板以柱托頂外用錦飾暑月可置藤墩宮中

有繡墩形如小鼓四角垂流蘇者亦精雅可用

坐團

蒲團大徑三尺者席地快甚棕團亦佳山中欲遠溼辟

蟲以雄黃熬蠟布團亦雅

數珠

以金剛子小而花細者爲貴以宋做玉降魔杵玉五供

養爲記總他如人頂龍充珠玉瑪瑙琥珀金珀水晶珊

瑚硨磲者俱俗沉香伽南香者則可尤忌杭州小菩提

子及灌香于內者

番經

常見番僧佩經或皮袋或漆匣大方三寸厚寸許匣外兩傍有耳繫繩佩服中有經文更有貝葉金書彩畫天魔變相精巧細密斷非中華所及此皆方物可貯佛室與數珠同攜

扇扇墜

羽扇最古然得古團扇雕漆柄爲之乃佳他如竹篾紙糊竹根紫檀柄者俱俗又今之摺疊扇古稱聚頭扇乃日本所進彼中今尚有絕佳者展之盈尺合之僅兩指

許所畫多作仕女乘車跨馬踏青拾翠之狀又以金銀屑飾地面及作星漢人物粗有形似其所染青綠奇甚專以空青海綠爲之眞奇物也川中蜀府製以進御有金鈒籐骨面薄如輕綃者最爲貴重內府別有彩畫五毒百鶴鹿百福壽等式差俗然亦華絢可觀徽杭亦有稍輕雅者姑蘇最重書畫扇其骨以白竹棕竹烏木紫白檀湘妃眉綠等爲之間有用牙及玳瑁者有員頭直根緗環結子板板花諸式素白金面購求名筆圖寫佳者價絶高其匠作則有李昭李贊馬勳蔣三柳玉臺沈

少樓諸人皆高手也紙敝墨渝不堪懷袖別裝卷冊以供玩相沿既久習以成風至稱爲姑蘇人事然實俗製不如川扇適用耳扇墜夏月用伽楠沉香爲之漢玉小玦及琥珀眼掠皆可香串緬茄之屬斷不可用

枕

有書枕用紙三大卷狀如碗品字相壘束縛成枕有舊窯枕長二尺五寸闊六寸者可用長一尺者謂之尸枕乃古墓中物不可用也

簟

菱葦出滿喇伽國生于海之洲渚岸邊葉性柔軟織爲細簟冬月用之愈覺溫暖夏則蘄州之竹簟最佳

琴

琴爲古樂雖不能操亦須壁懸一牀以古琴歷年既久漆光退盡紋如梅花黯如烏木彈之聲不沉者爲貴琴軫犀角象牙者雅以蚌珠爲徽不貴金玉絃用白色柘絲古人雖有朱絃清越等語不如素質有天然之妙唐有雷文張越宋有施木舟元有朱致遠國朝有惠祥高騰祝海鶴及樊氏路氏皆造琴高手也挂琴不可近風

露日色琴囊須以舊錦爲之軫上不可用紅綠流蘇抱琴勿横夏月彈琴但宜早晚午則汗易汙且太燥脆絃

琴臺

以河南鄭州所造古郭公磚上有方勝及象眼花者以作琴臺取其中空發響然此實宜置盆景及古石當更制一小几長過琴一尺高二尺八寸闊容三琴者爲雅坐用胡牀兩手更運動須比他坐稍高則手不費力更有紫檀爲邊以錫爲池水晶爲面者于臺中置水蓄魚藻實俗製也

研

研以端溪爲上出廣東肇慶府有新舊坑上下巖之辨石色深紫襯手而潤叩之清遠有重暈青緑小鸜鵒眼者爲貴其次色赤呵之乃潤更有紋慢而大者乃西坑石不甚貴也又有天生石子溫潤如玉摩之無聲發墨而不壞筆眞希世之珍有無眼而佳者若白端青緑端非眼不辨黑端出湖廣辰沅二州亦有小眼但石質粗燥非端石也更有一種出婺源歙山龍尾溪亦有新舊二坑南唐時開至北宋已取盡故舊硯非宋者皆此石

石有金銀星及羅紋刷絲眉子青黑者尤貴黎溪石出
湖廣常德辰州二界石色淡青内深紫有金線及黄脈
俗所謂紫袍金帶者是洮溪研出陝西洮府河中石綠
色潤如玉衢研出衢州開化縣有極大者色黑熟鐵研
出青州古瓦研出相州澄泥研出虢州研之様製不一
宋時進御有玉臺鳳池玉環玉堂諸式今所稱貢研世
絶重之以高七寸闊四寸下可容一拳者爲貴不知此
特進奉一種其製最俗余所見宣和舊硯有絶大者有
小八棱者皆古雅渾樸別有圓池東坡瓢形斧形端明

諸式皆可用葫蘆樣稍俗至如雕鏤二十八宿鳥獸龜龍天馬及以眼爲七星形剝落研質嵌古銅玉器于中皆入惡道研須日滌去其積墨敗水則墨光瑩澤惟研池邊斑駁墨跡久浸不浮者名曰墨繡不可磨去硯用則貯水畢則乾之滌硯用蓮房殼去垢起滯又不傷研大忌滾水磨墨茶酒俱不可尤不宜令頑童持洗研匣宜用紫黑二漆不可用五金蓋金能燥石至如紫檀烏木及雕紅彩漆俱俗不可用

筆

尖齊圓健筆之四德蓋毫堅則尖毫多則齊用檾貼襯得法則毫束而圓用純毫附以香貍角水得法則用久而健此製筆之訣也古有金銀管象管玳瑁管玻璃管縷金綠沈管近有紫檀雕花諸管俱俗不可用惟斑管最雅不得竟用白竹尋丈書筆以木爲管亦俗當以筇竹爲之蓋竹細而節大易于把握筆頭式須如尖頭細腰葫蘆諸樣僅可作小書然亦時製也畫筆杭州者佳古人用筆洗蓋書後即滌去滯墨毫堅不脫可耐久筆敗則瘞之故云敗筆成冢非虛語也

墨

墨之妙用質取其輕煙取其清嗅之無香摩之無聲若晉唐宋元書畫皆傳數百年墨色如漆神氣完好此佳墨之效也故用墨必擇精品且日置几案間即樣製亦須近雅如朝官魁星寶瓶墨玦諸式即佳亦不可用宣德墨最精幾與宣和内府所製同當蓄以供玩或以臨摹古書畫蓋膠色已退盡惟存墨光耳唐以奚廷珪爲第一張遇第二廷珪至賜國姓今其墨幾與珍寶同價

紙

古人殺青爲書後乃用紙北紙用橫簾造其紋橫其質鬆而厚謂之側理南紙用竪簾二王眞蹟多是此紙唐人有硬黃紙以黃蘗染成取其辟蠹蜀妓薛濤爲紙名十色小箋又名蜀箋宋有澄心堂紙有黃白經箋可揭開用有碧雲春樹龍鳳團花金花等箋有匹紙長三丈至五丈有彩色粉箋及藤白鵠白蠶繭等紙元有彩色粉箋蠟箋黃箋花箋羅紋箋皆出紹興有白籙觀音清江等紙皆出江西山齋俱當多蓄以備用國朝連七觀音奏本榜紙俱不佳惟大内用細密灑金五色粉箋堅

厚如板面砑光如白玉有印金花五色箋有青紙如段素俱可寶近吳中灑金紙松江譚箋俱不耐久涇縣連四最佳高麗別有一種以綿繭造成色白如綾堅韌如帛用以書寫發墨可愛此中國所無亦奇品也

劍

今無劍客故世少名劍即鑄劍之法亦不傳古劍銅鐵互用陶宏景刀劍錄所載有屈之如鈎縱之直如絃鏗然有聲者皆目所未見近時莫如倭奴所鑄青光射人曾見古銅劍青綠四裹者蓄之亦可愛玩

印章

以青田石瑩潔如玉照之燦若燈輝者爲雅然古人實不重此五金牙玉水晶木石皆可爲之惟陶印則斷不可用即官哥冬青等窰皆非雅器也古鏐金鍍金細錯金銀商金青綠金玉瑪瑙等印篆刻精古鈕式奇巧者皆當多蓄以供賞鑒印池以官哥窰方者爲貴定窰及八角偯角者次之青花白地有蓋長樣俱俗近做周身連蓋滾螭白玉印池雖工緻絕倫然不入品所見有三代玉方池內外土鏽血浸不知何用今以爲印池甚古

然不宜日用，僅可備文具一種。圖書匣以豆瓣楠、赤水櫑為之，方樣套蓋，不則退光素漆者亦可用，他如剔漆、填漆、紫檀鑲嵌古玉及毛竹攢竹者，俱不雅觀。

文具

文具雖時尚，然出古名匠手，亦有絕佳者。以豆瓣楠、癭木及赤水櫑為雅，他如紫檀、花梨等木，皆俗。三格一替，替中置小端硯一、筆覘一、書冊一、小硯山一、宣德墨一、倭漆墨匣一。首格置玉祕閣一、古玉或銅鎮紙一、賓鐵古刀大小各一、古玉柄棕帚一、筆船一、高麗筆二枝，次格古銅水盂一糊斗蠟斗各一古銅水杓一青綠鎏金小洗一下格稍高置小宣銅彝鑪一宋剔合一倭漆小撞白定或五色定小合各一矮小花尊或小觶一圖書匣一中藏古玉印池古玉印鎏金印絶佳者數方倭漆小梳匣一中置玳瑁小梳及古玉盤匜等器古犀玉小盂二他如古玩中有精雅者皆可入之以供玩賞

梳具

以癭木爲之或日本所製其纏絲竹絲螺鈿雕漆紫檀等俱不可用中置玳瑁梳玉剔帚玉缸玉合之類即非

秦漢間物亦以稍舊者爲佳若使新俗諸式闌入便非
韻士所宜用也

海論銅玉雕刻窰器

三代秦漢人製玉古雅不煩卽如子母螭臥蠶紋雙鉤
碾法宛轉流動細入毫髮涉世旣久土繡血侵最多情
翡翠色水銀色爲銅侵者特一二見耳玉以紅如雞冠
者爲最黃如蒸栗白如截肪者次之黑如點漆青如新
柳綠如鋪絨者又次之今所尚翠色通明如水晶者古
人號爲碧非玉也玉器中圭璧最貴鼎彝觚尊杯注環

玦次之鉤束鎮紙玉璏充耳剛卯瑱珈珌琫印章之類又次之琴劍觹佩扇墜又次之銅器鼎彝觚尊敦鬲最貴匜卣罍觶次之簠簋鍾注歃血盆奩花囊之屬又次之三代之辨商則質素無文周則雕篆細密夏則嵌金銀細巧如髮款識少者一二字多則二三十字其或二三百字者定周末元秦時器篆文夏用鳥跡商用蟲魚周用大篆秦以大小篆漢以小篆三代用陰款秦漢用陽款間有凹入者或用刀刻如鐫碑亦有無款者蓋民間之器無功可紀不可遽謂非古也有謂銅氣入土久

土氣滲蒸鬱而成青入水久水氣滷浸潤而成綠然亦不盡然第銅氣清瑩不雜易發青綠耳銅色褐色不如硃砂硃砂不如綠綠不如青青不如水銀水銀不如黑漆黑漆最易僞造余謂必以青綠爲上僞造有冷沖者有屑湊者有燒斑者皆易辨也窯器柴窯最貴世不一見聞其製青如天明如鏡薄如紙聲如磬未知然否官哥汝窯以粉青色爲上淡白次之油灰最下紋取冰裂鱔血鐵足爲上梅花片黑紋次之細碎紋最下官窯隱紋如蟹爪哥窯隱紋如魚子定窯以白色而加以泑水

如淚痕者佳紫色黑色俱不貴均州窰色如胭脂者為
上青若葱翠紫若黑色者次之雜色者不貴龍泉窰甚
厚不易茅蔑第工匠稍拙不甚古雅宣窰冰裂鱔血紋
者與官哥同隱紋如橘皮紅花青花者俱鮮彩奪目堆
垛可愛又有元燒樞府字號亦有可取至于永樂細款
青花杯成化五色葡萄杯及純白薄如玻璃者今皆極
貴實不甚雅雕刻精妙者以宋為貴俗子輒論金銀胎
最為可笑蓋其妙處在刀法圓熟藏鋒不露用朱極鮮
漆堅厚而無敲裂所刻山水樓閣人物鳥獸皆儼若圖

畫爲佳絶耳元時張成楊茂二家亦以此技擅名一時國朝果園廠所製刀法視宋尚隔一籌然亦精細至于雕刻器皿宋以詹成爲首國朝則夏白眼擅名宣廟絶賞之吳中如賀四李文甫陸子岡皆後來繼出高手第所刻必以白玉琥珀水晶瑪瑙等爲佳器若一涉竹木便非所貴至于雕刻果核雖極人工之巧終是惡道

長物志卷七

譚瑩玉生覆校

長物志卷八

明　文震亨　撰

衣飾

衣冠製度必與時宜吾儕既不能披鶉帶索又不當綴玉垂珠要須夏葛冬裘被服嫺雅居城市有儒者之風入山林有隱逸之象若徒染五采飾文績與銅山金穴之子侈靡鬬麗亦豈詩人粲粲衣服之習乎至于蟬冠朱衣方心田領玉珮朱履之爲漢服也幞頭大袍之爲隋服也紗帽圓領之爲唐服也簷帽襴

衫深衣幅巾之爲宋服也巾環襈領帽子繫腰之爲金元服也方巾圓領之爲國朝服也皆歷代之制非所敢輕議也志衣飾第八

道服

製如深衣以白布爲之四邊延以緇色布或用茶褐爲袍緣以皁布有月衣鋪地如月披之則如鶴氅二者用以坐禪策蹇披雪避寒不可少

禪衣

以灑海剌爲之俗名瑣哈喇蓋番語不易辨也其形似

胡羊毛片縷縷下垂緊厚如氈其用耐久來自西域聞彼中亦甚貴

被

以五色氆氌爲之亦出西番闊僅尺許與瑣哈剌相類但不緊厚次用山東繭紬最耐久其落花流水紫白等錦皆以美觀不甚雅以真紫花布爲大被嚴寒用之有晝百蝶于上稱爲蝶夢者亦俗古人用蘆花爲被今却無此製

褥

京師有摺疊臥褥形如圍屏展之盈丈收之僅二尺許厚三四寸以錦爲之中實以燈心最雅其椅榻等褥皆用古錦爲之錦既敝可以裝潢卷冊

絨

出陝西甘肅紅者色如珊瑚然非幽齋所宜本色者最雅冬月可以代席狐腋貂褥不易得此亦可當溫柔鄉矣氈者不堪用青氈用以襯書大字

帳

冬月以繭綢或紫花厚布爲之紙帳與綢絹等帳俱俗

錦帳帕帳俱閨閤中物夏月以蕉布爲之然不易得吳中青撬紗及花手巾製帳亦可有以畫絹爲之有寫山水墨梅于上者此皆欲雅反俗更有作大帳號爲漫天帳夏月坐臥其中置几榻櫥架等物雖適意亦不古寒月小齋中致布帳于窗檻之上青紫二色可用

冠

鐵冠最古犀玉琥珀次之沉香葫蘆者又次之竹籜癭木者最下製惟偃月高士二式餘非所宜

巾

漢巾去唐式不遠今所尚披雲巾最俗或自以意爲之幅巾最古然不便于用

笠

細藤者佳方廣二尺四寸以皁絹綴簷山行以遮風日又有葉笠羽笠非可常用

履

冬月秧履最適且可暖足夏月棕鞋惟温州者佳若方舄等樣製作不俗者皆可爲濟勝之具

長物志卷八　　譚瑩玉生覆校

長物志卷九

明　文震亨　撰

舟車

舟之習于水也大舸連軸巨檻接艫既非素士所能辦蜻蛉蚱蜢不堪起居要使軒窗闌檻儼若精舍室陳厦饗靡不咸宜用之祖遠餞近以暢離情用之登山臨水以宣幽思用之訪雪載月以寫高韻或芳辰綴賞或靜女采蓮或子夜清聲或中流歌舞皆人生適意之一端也至如濟勝之具籃輿最便但使製度

新雅便堪登高涉遠寧必飾以珠玉錯以金貝被以績罽藉以簟茀縷以鉤膺文以輪轅約以鞗革和以鳴鸞乃稱周行魯道哉志舟車第九

巾車

今之肩輿卽古之巾車也第古用牛馬今用人車實非雅士所宜出閭廣者精麗且輕便楚中有以藤爲扛者亦佳近金陵所製纏藤者頗俗

籃轝

山行無濟勝之具則籃轝似不可少武林所製有坐身

踏足處俱以絶絡者上下峻坂皆平最爲適意惟不能
避風雨有上置一架可張小幔者亦不雅觀

舟

形如划船底惟平長可三丈有餘頭闊五尺分爲四倉
中倉可容賓主六人置卓凳筆牀酒鎗鼎彝盆玩之屬
以輕小爲貴前倉可容僮僕四人置壺榼茗鑪茶具之
屬後倉隔之以板傍容小弄以便出入中置一榻一小
几小廚上以板承之可置書卷筆硯之屬榻下可置衣
廂虎子之屬幔以板不以蓬簟兩旁不用欄楯以布絹

作帳用蔽東西日色無日則高捲捲以帶不以鉤他如樓船方舟諸式皆俗

小船

長丈餘闊三尺許置于池塘中或時鼓枻中流或時繫于柳陰曲岸執竿把釣弄月吟風以藍布作一長幔兩邊走簷前以二竹爲柱後縛船尾釘兩圈處一童子刺之

長物志卷九

譚瑩玉生覆校

長物志卷十

明 文震亨 撰

位置

位置之法煩簡不同寒暑各異高堂廣榭曲房奧室各有所宜卽如圖書鼎彝之屬亦須安設得所方如圖畫雲林淸祕高梧古石中僅一几一榻令人相見其風致眞令神骨俱冷故韻士所居入門便有一種高雅絕俗之趣若使之前堂養雞牧豕而後庭侈言澆花洗石政不如凝塵滿案環堵四壁猶有一種蕭

寂氣味耳志位置第十

坐几

天然几一設于室中左偏東向不可迫近窗檻以逼風日几上置舊研一筆筒一筆覘一水中丞一研山一古人置研俱在左以墨光不閃眼且于燈下更宜書冊鎮紙各一時時拂拭使其光可鑒乃佳

坐具

湘竹榻及禪椅皆可坐冬月以古錦製縟或設臯比俱可

椅榻屏架

齋中僅可置四椅一榻他如古須彌座短榻矮几壁几之類不妨多設忌靠壁平設數椅屏風僅可置一面書架及櫥俱列以置圖史然亦不宜太雜如書肆中

懸畫

懸畫宜高齋中僅可置一軸于上若懸兩壁及左右對列最俗長畫可挂高壁不可用挨畫竹曲挂畫卓可置奇石或時花盆景之屬忌置朱紅漆等架堂中宜掛大幅橫披齋中宜小景花鳥若單條扇面斗方挂屏之類

俱不雅觀畫不對景其言亦謬

置鑪

于日坐几上置倭臺几方大者一上置鑪一香盒大者一置生熟香小者二置沈香香餅之類筯瓶一齋中不可用二鑪不可置于挨畫卓上及瓶盒對列夏月宜用磁鑪冬月用銅鑪

置缾

隨瓶製置大小倭几之上春夏用銅秋冬用磁堂屋宜大書室宜小貴銅瓦賤金銀忌有環忌成對花宜瘦巧

不宜煩雜若插一枝須擇枝柯奇古二枝須高下合插亦止可一二種過多便如酒肆惟秋花插小瓶中不論供花不可閉窗戶焚香烟觸即萎水仙尤甚亦不可供于畫桌上

小室

几榻俱不宜多置但取古製狹邊書几一置于中上設筆硯香合薰鑪之屬俱小而雅別設石小几一以置茗甌茶具小榻一以供偃臥趺坐不必挂畫或置古奇石或以小佛櫥供鎏金小佛于上亦可

臥室

地平天花板雖俗然臥室取乾燥用之亦可第不可彩畫及油漆耳面南設臥榻一榻後別留半室人所不至以置薰籠衣架盥匜廂奩書燈之屬榻前僅置一小几不設一物小方杌二小櫥一以置香藥玩器室中精潔雅素一涉絢麗便如閨閣中非幽人眠雲夢月所宜矣更須穴壁一貼爲壁牀以供連牀夜話下用抽替以置履襪庭中亦不須多植花木第取異種宜祕惜者置一株于中更以靈壁英石伴之

亭榭

亭榭不蔽風雨故不可用佳器俗者又不可耐須得舊漆方面粗足古樸自然者置之露坐宜湖石平矮者散置四傍其石墩瓦墩之屬俱置不用尤不可用朱架架官磚于上

敞室

長夏宜敞室盡去窗檻前梧後竹不見日色列木几極長大者于正中兩傍置長榻無屏者各一不必挂畫蓋佳畫夏日易燥且後壁洞開亦無處宜懸挂也北窗設

湘竹榻置簟于上可以高卧几上大硯一青綠水盆一
尊彝之屬俱取大者置建蘭一二盆于几案之側奇峯
古樹清泉白石不妨多列湘簾四垂望之如入清涼界
中

佛室

内供烏斯藏佛一尊以金鎏甚厚慈容端整妙相具足
者爲上宋元脱紗大士像俱可用古漆佛櫥若香象
唐象及三尊並列接引諸天等象號曰一堂并朱紅小
木等櫥皆僧寮所供非居士所宜也長松石洞之下得

古石像最佳案頭以舊磁淨瓶獻花淨碗酌水石鼎爇印香夜燃石燈其鐘磬幡幢几榻之類次第鋪設俱戒纖巧鐘磬尤不可並列用古倭漆經箱以盛梵典庭中列施食臺一幡竿一下用古石蓮座石幢一幢下植雜草花數種石須古製不則亦以水蝕之

長物志卷十　譚瑩玉生覆校

長物志卷十二

明 文震亨 撰

蔬菓

田文坐客上客食肉中客食魚下客食菜此便開千古勢利之祖吾曹談之討桂旣不能餌菊朮啖花草及屠酒累肉以供口食眞可謂穢我素叢古人蘋蘩可薦蔬筍可羞顧山肴野蔌須多預蓄以供長日清談閒宵小飲又如酒鎗皿合皆古須雅精潔不可毫涉市販之屠沽氣又當多藏名酒及山珍海錯如鹿

脯荔枝之屬庶令可口悅目不特動指流涎而已志蔬果第十一

櫻桃

櫻桃古名楔桃一名朱桃一名英桃又爲鳥所含故禮稱含桃盛以白盤色味俱絶南都曲中有英桃脯中置玫瑰瓣一味亦甚佳價甚貴

桃李梅杏

桃易生故諺云白頭種桃其種有匾桃墨桃金桃鷹嘴脫核蟠桃以蜜煮之味極美李品在桃下有粉青黄姑

二種別有一種曰嘉慶子味微酸北人不辨梅杏熟時
乃別梅接杏而生者杏梅又有消梅入口卽化脆美異
常雖果中凡品然却睡止渴亦自有致

橘橙

橘爲木奴旣可供食又可獲利有綠橘金橘蜜橘匾橘
數種皆出自洞庭別有一種小于閩中而色味俱相似
名漆堞紅者更佳出衢州者皮薄亦美然不多得山中
人更以落地未成實者製爲橘藥酸者較勝黃橙堪調
膾古人所謂金虀若法製丁片皆稱俗味

柑

柑出洞庭者味極甘出新莊者無汁以刀剖而食之更有一種粗皮名蜜羅柑亦美小者曰金柑圓者曰金豆

香櫞

大如柸盂香氣馥烈吳人最尚以磁盆盛供取其瓤拌以白糖亦可作湯除酒渴又有一種皮稍粗厚者香更勝

枇杷

枇杷獨核者佳株葉皆可愛一名款冬花薦之果奩色

如黃金味絶美

楊梅

吳中佳菓與荔枝並擅高名各不相下出光福山中者最美彼中人以漆盤盛之色與漆等一斤僅二十枚眞奇味也生當暑中不堪涉遠吳中好事家或以輕橈郵置或買舟就食出他山者味酸色亦不紫有以燒酒浸者色不變而味淡蜜漬者色味俱惡

葡萄

有紫白二種白者曰水晶萄味差亞于紫

荔子

荔枝雖非吳地所種然菓中名裔人所共愛紅塵一騎不可謂非解事人彼中有蜜漬者色亦白第殼已殷所謂紅繻白玉膚亦在流想間而已龍眼稱荔枝奴香味不及種類頗少價乃更貴

棗

棗類極多小核色赤者味極美棗脯出金陵南棗出浙中者俱貴甚

生梨

棃有二種花瓣圓而舒者其果甘鈌而皺者其果酸亦易辨出山東有大如瓜者味絶脆入口卽化能消痰疾

栗

杜甫寓蜀採栗自給山家爨竆莫此爲愈出吳中諸山者絶小風乾味更美出吳興者從溪水中出易壞煨熟乃佳以橄欖同食名爲梅花脯其口作梅花香然實不盡然

銀杏

葉如鴨脚故名鴨脚子雄者三棱雌者二棱園圃閒植

之雖所出不足充用然新綠時葉最可愛吳中諸刹多
有合抱者扶疎喬挺最稱佳樹

柹

柹有七絶一壽二多陰三無鳥巢四無蟲五霜葉可愛
六嘉賓七落葉肥大別有一種名燈柹小而無核味更
美或謂柹接三次則全無核未知果否

菱

兩角爲菱四角爲芰吳中湖柳及人家池沼皆種之有
靑紅二種紅者最早名水紅菱稍遲而大者曰雁來紅

青者曰鶯哥青青而大者曰餛飩菱味最勝最小者曰野菱又有白沙角皆秋來美味堪與扁豆並薦

芡

芡花晝合宵展至秋作房如雞頭實藏其中故俗名雞豆有秔穤二種有大如小龍眼者味最佳食之益人若剝肉和糖擣爲糕糜眞味盡失

花紅

西北稱柰家以爲脯卽今之蘋婆果是也生者較勝不特味美亦有淸香吳中稱花紅卽名林檎又名來禽似

柰而小花亦可觀

石榴

石榴花勝于果有大紅桃紅淡白三種千葉者名餅子榴酷烈如火無實宜植庭際

西瓜

西瓜味甘古人與沈李並埒不僅蓏屬而已長夏消渴吻最不可少且能解暑毒

五加皮

久服輕身明目吳人于早春探取其芽焙乾點茶清香

特甚味亦絶美亦可作酒服之延年

白扁豆

純白者味美補脾入藥秋深籬落當多種以供採食乾者亦須收數斛以足一歲之需

菌

雨後彌山遍野春時尤盛然蟄後蟲蛇始出有毒者最多山中人自能辨之秋菌味稍薄以火焙乾可點茶價亦貴

瓠

瓠類不一詩人所取抱甕之餘采之烹之亦山家一種佳味第不可與肉食者道耳

茄子

茄子一名落酥又名崑崙紫瓜種莧其傍同澆灌之茄莧俱茂新採者味絶美蔡遵爲吳興守齋前種白莧紫茄以爲常饍五馬貴人猶能如此吾輩安可無此一種味也

芋

古人以蹲鴟起家又云園收芋栗未全貧則禦窮一策

芋爲稱首所謂煨得芋頭熟天子不如我且以爲南面王樂其言誠過然寒夜擁鑪此實眞味別名土芝信不虛矣

茭白

古稱雕胡性尤宜水逐年移之則心不刻池塘中亦宜多植以佐灌園所缺

山藥

本名薯蕷出婁東岳王市者大如臂眞不減天公掌定當取作常供夏取其子不堪食至如香芋烏芋鳧茨之

屬皆非佳品烏芋卽茨菰凫茨卽地栗

蘿蔔蔓菁

蘿蔔一名土酥蔓菁一名六利皆佳味也他如烏白二菘蓴芹薇蕨之屬皆當命園丁多種以供伊蒲第不可以此利市爲賣傭耳

長物志卷十一

譚瑩玉生覆校

長物志卷十二

明 文震亨 撰

香茗

香茗之用其利最溥物外高隱坐語道德可以清心悅神初陽薄暝興味蕭騷可以暢懷舒嘯晴窗搨帖揮麈閑吟篝燈夜讀可以遠辟睡魔青衣紅袖密語談私可以助情熱意坐雨閉窗飯餘散步可以遣口除煩醉筵醒客夜語蓬窗長嘯空樓冰絃戛指可以佐歡解渴品之最優者以沈香岕茶爲首第焚煮有

法必貞夫韻士乃能究心耳志香茗第十二

伽南

一名奇藍又名琪𤩽有糖結金絲二種糖結面黑若漆堅若玉鋸開上有油若糖者最貴金絲色黃上有線若金者次之此香不可焚焚之微有羶氣大者有重十五六斤以雕盤承之滿室皆香眞爲奇物小者以製扇墜數珠夏月佩之可以辟穢居常以錫合盛蜜養之合分二格下格置蜜上格穿數孔如龍眼大置香使蜜氣上通則經久不枯沈水等香亦然

龍涎香

蘇門答剌國有龍涎嶼羣龍交臥其上遺沫入水取以爲香浮水爲上滲沙者次之魚食腹中剌出如斗者又次之彼國亦甚珍貴

沈香

質重劈開如墨色者佳沈取沈水然好速亦能沈以隔火炙過取焦者別置一器焚以熏衣被曾見世廟有水磨雕刻龍鳳者大二寸許蓋醮壇中物此僅可玩供

片速香

鯽魚片雉雞斑者佳以重實爲美價不甚高有僞爲者當辨

唵叭香

香膩甚著衣袂可經日不散然不宜獨用當同沈水共焚之一名黑香以軟淨色明手指可撚爲丸者爲妙都中有唵叭餅別以他香和之不甚佳

角香

俗名牙香以面黑爛色黃紋直透者爲黃熟純白不烘焙者爲生香此皆常用之物當覓佳者但旣不用隔火

亦須輕置罏中庶香氣微出不作煙火氣

甜香

宣德年製清遠味幽可愛黑罎如漆白底上有燒造年月有錫罩蓋罐子者絕佳芙蓉梅花皆其遺製近京師製者亦佳

黃黑香餅

恭順侯家所造大如錢者妙甚香肆所製小者及印各色花巧者皆可用然非幽齋所宜宜以置閨閣

安息香

都中有數種總名安息月麟聚仙沉速爲上沉速有雙

科者製佳内府別有龍挂香倒挂焚之其架甚可玩若

蘭香萬春百花等皆不堪用

暖閣芸香

暖閣有黄黑二種芸香短束出周府者佳然僅可備種

類不堪用也

蒼朮

歲時及梅雨鬱蒸當間一焚之出句容茅山細梗者佳

眞者亦難得

品茶

古今論茶事者無慮數十家若鴻漸之經君謨之錄可謂盡善然其時法用熟碾爲丸爲挺故所稱有龍鳳團小龍團密雲龍瑞雲翔龍至宣和間始以茶色白者爲貴漕臣鄭可聞始創爲銀絲冰芽以茶剔葉取心清泉漬之去龍腦諸香惟新胯小龍蜿蜒其上稱龍團勝雪當時以爲不便之法而我朝所尚又不同其烹世之法亦當前人異然簡便異常天趣悉備可謂盡茶之眞未矣至于洗茶候湯擇器皆各有法宵特侈言烏府雲屯

苦節建城等目而已哉

虎邱天池

最號精絶爲天下冠惜不多產又爲官司所據寂寞山家得一壺兩壺便爲奇品然其味實亞于岕天池出龍池一帶者佳出南山一帶者最早微帶草氣

岕

浙之長興者佳價亦甚高今所最重荆溪稍下採茶不必太細細則芽初萌而味欠足不必太青青則茶已老而味欠嫩惟成梗蔕葉綠色而團厚者爲上不宜以日

晒炭火焙過扇冷以箬葉襯罌貯高處蓋茶最喜温燥而忌冷溼也

六合

宜入藥品但不善炒不能發香而味苦茶之本性實佳

松蘿

十數畝外皆非眞松蘿茶山中亦僅有一二家炒法甚精近有山僧手焙者更妙眞者在洞山之下天池之上新安人最重之兩都曲中亦尙此以易于烹煑且香烈故耳

龍井天目

山中早寒冬來多雪故茶之萌芽較晚採焙得法亦可與天池並

洗茶

先以滚湯候少温洗茶去其塵垢以定碗盛之俟冷點茶則香氣自發

候湯

緩火炙活火煎活火謂炭火之有焰者始如魚目爲一沸緣邊泉湧爲二沸奔濤濺沫爲三沸若薪火方交水

釜纔熾急取旋傾水氣未消謂之嫩若水踰十沸湯已
失性謂之老皆不能發香矣

滌器

茶瓶茶盞不潔皆損茶味須先時洗滌淨布拭之以備
用

茶洗

以砂爲之製如碗式上下二層上層底穿數孔用洗茶
沙垢皆從孔中流出最便

茶鑪湯瓶

有姜鑄銅饕餮獸面火鑪及純素者有銅鑄如鼎彝者皆可用湯瓶鉛者爲上錫者次之銅者亦可用形如竹筒者既不漏火又易點注磁瓶雖不奪湯氣然不適用亦不雅觀

茶壺

壺以砂者爲上蓋既不奪香又無熟湯氣供春最貴第形不雅亦無差小者時大賓所製又太小若得受水半升而形製古潔者取以注茶更爲適用其提梁卧瓜雙桃扇面八棱細花夾錫茶替青花白地諸俗式者俱不

可用錫壺有趙良璧者亦佳然而冬月間用近時吳中歸錫嘉禾黃錫價皆最高然製小而俗金銀俱不入品

茶盞

宣廟有尖足茶盞料精式雅質厚難冷潔白如玉可試茶色盞中第一世廟有壇盞中有茶湯果酒後有金籙大醮壇用等字者亦佳他如白定等窰藏爲玩器不宜日用蓋點茶須熁盞令熱則茶面聚乳舊窰器熁熱則易損不可不知又有一種名崔公窰差大可置果實果亦僅可用榛松新筍雞豆蓮實不奪香味者他如柑橙

茉莉木樨之類斷不可用

擇炭

湯最惡烟非炭不可落葉竹篠樹梢松子之類雖爲雅談實不可用又如暴炭膏薪濃烟蔽室更爲茶魔炭以長興茶山出者名金炭大小最適用以㸐火引之可稱湯友

長物志卷十二　　譚瑩玉生覆校

右長物志十二卷明文震亨撰震亨字啟美長洲人徵明之曾孫崇禎中官武英殿中書舍人以善琴供奉明亡殉節死徐埜公明畫錄稱其畫宗宋元諸家格韻兼勝考明詩綜錄啟美詩二首并述王覺斯語言湛持憂讒畏譏而啟美浮沈金馬吟咏倘徉世無嫉者由其處世固有道焉湛持卽啟美之兄長洲相國也顧絕不言其殉節事豈竹垞尙傳聞未審歟有明中葉天下承平士大夫以儒雅相尙若評書品畫瀹茗焚香彈琴選石等事無一不精而當時騷人墨客亦皆工鑒別善品題

玉敦珠槃輝映壇坫若啟美此書亦庶幾卓卓可傳者
葢貴介風流雅人深致均於此見之曾幾何時而國變
滄桑向所謂玉躞金題奇花異卉者僅足供楚人一炬
嗚呼運無平而不陂物無聚而不散余梭此書正如孟
嘗君聞雍門子琴淚涔涔霑襟而不能自止也同治甲
戌小寒前一日南海伍紹棠謹跋

ISBN 978-7-5149-2186-1
9 787514 921861 >
定價：70.00元